中学校英語サポートBOOKS

# iPadでつくる!クリエイティブな英語授業

Apple Distinguished Educator

和田 一将

JN017635

明治図書

## はじめに

　はじめまして，Apple Distinguished Educator の和田です。

　普段は英語科の教員として東京成徳大学中学・高等学校に勤務しています。

　この度は，「iPad でつくる！クリエイティブな英語授業」を手に取っていただき本当にありがとうございます。

　GIGA スクール構想により，全ての児童生徒が一人一台パソコン，もしくはタブレットを活用して今後日々の学習を進めることが示されました。この指針によって「授業でパソコンを使えって言われたって，どうすればいいんだろう。」「タブレットなんか渡したって，遊んじゃうだけなんじゃないの？」といった不安要素を急に抱えながら授業をすることになってしまった現場の先生方は少なくないと思います。数年前の私も全く同じような状況でした。

　およそ６年前の2015年から今日まで，とにかく手探りのまま iPad を使った授業実践を時間をかけながらなんとか積み上げてきました。

　おかげさまで最近では様々な講演やワークショップ等で登壇する機会も増え，どのようにして効果的に iPad を日々の授業設計に組み込んでいくのか色々な学校種の先生方から質問を受ける場面も多くなりました。

　今回そうしたニーズを受け，ICT 機器を扱うのが初めての先生方でも効果的に授業に取り入れ，生徒の力（特に実践的な英語力）を伸ばしていくためのアイデアをまとめていきたいと思います。

　iPad を効果的に授業で活用するために，いくつか押さえる必要があるポイントをきちんと押さえて授業設計をすれば，誰でも iPad を使って内容が濃く，深く，素晴らしい授業ができると断言できます。

　この本のアイデアを様々な授業でご活用いただけたらとても嬉しいです。

和田一将

Contents

# Chapter3
# 実践！クリエイティブな英語授業

〔L：聞く，R：読む，S1：話す[やり取り]，S2：話す[発表]，W：書く〕

# Chapter 1

# iPad の活用と
# クリエイティブな授業

# 01 これからの英語教育と授業デザイン

## ◆ 今，何のために学ぶのか

2020年。教育現場は新型コロナウィルス感染拡大により誰も経験したことのない状況に置かれました。特に３月から５月末にかけては緊急事態宣言も発出され，私が勤務している東京成徳大学中学・高等学校もこの期間は休校措置が取られました。

そんな中，自宅で SNS やテレビのニュースを眺めていると，日本全国の先生方をはじめたくさんの大人が力を合わせて，子ども達に向けて何かできることはないか知恵を絞り出し行動に移している様子がたくさん目に入ってきました。

「学校に来れないのならオンラインで職員室と生徒の自宅をつなぐのはどうか」「学習課題をメールで配信するのはどうか」「子ども達のために学習教材だけでなく，マンガや書籍などを無料開放しよう」など，学校に行きたくても行けない子ども達へのサポートの輪がどんどん広がっていった時期であったと感じます。

世界が変化するスピードはとても早いと言われていますが，今回のコロナウィルス感染拡大のショックほど全国の教育現場に大きな衝撃を与え，教育現場に変化を迫った出来事はなかったのではないでしょうか。

こうした，社会が急激に大きく変化する不確定な時代において「学校」や「教師」の役割は一体何なのか。「学校」で何のために学ぶのか今一度問い直す必要があるはずです。

## これからの英語教育に問われること

2021年現在，世界中の国々でコロナウィルス感染拡大を防止するため外国人の入国を規制する政策が取られ，外国への行き来が制限されている状態になっています。

また国内でもマスク着用やソーシャルディスタンスの確保などの呼びかけがなされ，他者とのコミュニケーションには注意を払う必要があります。

英語のみならず言語を学ぶ上で，「近寄って会話をしてはいけない」状況は大きな制約となります。私はコロナウィルス感染拡大の影響で，間違いなく英語教育は次のフェーズに進んでしまったと感じています。

・とりあえず目の前の大学入試に向けた勉強をしておけばいいのか。

・何ヶ月後か，何年後か，普通に外国に行き来ができるようになった時に備えた学習をするのか。

・極端な話，もう長い間海外には渡航できない状況を想定した学びが必要なのか。

大袈裟に聞こえるかもしれませんが，いま外国語教育現場においてはそのくらい大きな転換点に来ていると感じています。

## 授業をどうデザインするか

こうしたなか，重要になってくるのが私達教師個人がどういう生徒を育てたいのか。目の前の子ども達がどんな大人に成長してもらいたいのか。学校が掲げる教育のビジョンは何なのか。そういった部分を加味しながら，目の前の生徒達に必要な要素を，柔軟に組み合わせて授業を設計していくことが最も大切であるはずだということです。

教科書を指導書に沿って隅から隅まで上から下までなぞって，型通りに知識を伝達することが必ずしも目の前の子ども達のためにはならないということです。

# 02 子ども達を取り巻く環境の 変化とテクノロジーの発展

## ◆ 社会や教室における急速な変化

みなさんは小，中学生だったころどんな授業を受けていましたか？

自分の教室でどんな学習をしていたでしょうか。

私達が学生だったころ教室の様子はほぼ全てこんな感じだったのではないでしょうか。

生徒の机はみんな黒板に向いている。中央の教卓のそばに立っている先生が黒板にチョークで字を書いているのをただひたすらに写す。そんな授業が6時間続いていたかと思います。しかし，今日の多様化した複雑な社会においてこうした「ペーパーテストが解ける力」のみを学校で身に付けることは，果たして子ども達や日本の将来において本当に価値のあることなのでしょうか。

現在，古くからあった教室の様子は，PCやプロジェクターなどのICT機器やインターネットといったテクノロジーが入ってくることで一変しました。

私達は授業のなかで，生徒達に板書を写すことだけではなく，映像資料

（ビデオ）を見せることができたり，アプリケーションを授業の中に取り入れたり，他の国の教室とオンラインでつなぎクイズ大会を行うなどしたり，授業内で扱える指導の選択肢や幅が大きく広がりました。

　加えて，iPad が登場したことでさらに大きく教育現場は変わりました。

　子ども達は一人一台の iPad を使うことで様々な活動を自由に，直感的に，また自分達のペースで創造的に，行うことができるようになりました。iPad の登場が，教室を「先生達が教える場所」から，より「子ども達が自由に学びを深める場所」へと変化させる大きなきっかけとなっています。

## なぜ学習に使う ICT 機器は iPad がいいのか？

　本書では，iPad を教室や自宅などで学習を目的として使う様々なアイデアをご紹介しています。ではなぜ数あるタブレット機器のなかでも，iPad が教育環境に適していると断言できるのでしょうか。

　詳細についてはこの後の章で記載しますが，iPad を製造・販売する Apple は，あまり知られていないかもしれませんが，創業当初より教育に 40 年間以上携わり製品を開発してきた，いわば「老舗の教育関連企業」という側面があります。

　そのなかでも特筆すべきなのが，Apple が過去 40 年間以上培ってきたノウハウの蓄積から，iPad を使った授業アイデアを無料で豊富に提案してくれているという点です。こうしたアイデアを参考にすることで ICT 機器を使った授業に初めて挑戦してみる先生方でも，無理なく教室で iPad を活用することができます。

　Apple は単に iPad を売って終わりにせず，それを学校現場できちんと活用してほしいという願いを持って製品を開発し続けている企業なんです。

# 03 iPadの魅力とは

### iPadとは？

本書のメインテーマである iPad について少し説明をしたいと思います。

iPad とは Apple が販売しているタブレット端末のことです。携帯電話のiPhone が世界的に有名ですので知っている方も多いのではないでしょうか。

iPad を選択するひとつの理由として，説明書がいらないくらい操作が簡単で直感的である。という点が挙げられます。

基本的な操作がわからなくなっても，Apple の web サイトに掲載されているiPad ユーザーガイドを見ればおおよその疑問は解決できます。

一番安価なモデル（iPad 第8世代）だと教育機関向け価格の税別32,800円（2021年5月現在）で購入でき，本体は薄くて軽いのに，壊れにくい。バッテリーは10時間駆動（学校現場にとって登校〜下校まで続くバッテリー駆動時間は大切なポイントです）。ディスプレイの美しさなど，本体性能とコストパフォーマンスが高いことも特徴のひとつです。

### Apple Pencil がスゴイ！

iPad を選択するもうひとつの理由として Apple Pencil が挙げられます。このペン，本当にスゴイんです。

他のタブレット端末用のスタイラスペンとは全く違い，本物の鉛筆やペン

で描いてるような素晴らしい書き心地です。

　生徒達は Apple Pencil があることで，iPad を本物のノート代わりに使うことができるようになります。

　タイピングをするキーボード（最近だと各社から色々な種類の iPad 用キーボードが販売されています。）は後からいつでも端末に付けることはできますが，Apple Pencil が使えるのは iPad だけです。

　Apple Pencil を使ってノートやメモを取ったりスケッチすることに関して，その精度の高さや美しさについて iPad の右に出る ICT 端末は現段階ではないと思います。

　この点は，ノートブック PC にはない魅力のひとつではないでしょうか。

## iPad の魅力

　iPad の魅力はたくさんありますが，生徒が学習効果を最大限に発揮できるように学習者に優しく設計されていることが一番の魅力なのかなと思います。

　最終的に「どんな学習活動をしたいか」によって ICT 端末を選ぶべきですが，そうした活動を iPad は広くカバーできるように設計がなされている点がとても魅力的です。

　他社製のアプリケーションも iPad 1 枚で簡単にサクサク動かすことができます。また，iPad を渡すと YouTube の動画ばっかり見て遊んじゃって勉強しなくなるんじゃないの…？　という声をよく聞きますが，iPad を積極的に利用している生徒達の意見はむしろ逆で「YouTube の解説動画を見て，それをヒントに宿題やってるよ！」という話だったり「iPad を使う時間は，プレゼンテーションの資料を Keynote でつくっているのが一番長いですよ！」といった話がよく出ます。実際のところ大人が思うより意外としっかり iPad を文具として活用できていることがほとんどです。

　大人の私達が学習者である子ども達に対し，iPad を文具として活用できるように様々な環境を整えてあげることも大切なことではないかと感じます。

# 04 Creativity の重要性

## Creativity の重要性

では私達英語教諭は iPad を活用していきながら，どんな授業作りを目指していくべきでしょうか。

私自身を例にとると，英語の授業を通じて子ども達が「誰とでもどんな環境でも，言葉の壁を越えて自分を表現し，他者を受け入れることができる力」を育んでもらいたいという大きな目標があり，授業の組み立てに迷う時は必ずこの大きな目標に立ち返るようにしています。

生徒達に英語を楽しく，将来に役立つ意味のある形で学んでもらうためには，単に英語ができるようになるという技能面へのアプローチだけでは不十分で，「自分はどんな人間で，自分の将来に必要な英語力とは一体何か。」生徒自身が考えながら英語力を獲得するような授業作りをする必要があります。そうした授業を組み立てるうえで，Creativity（クリエイティビティ・創造力）はひとつ重要なポイントになってきます。

## Creativity = Identity

学習を古いスタイルから新しいスタイルに変えていくなかで，授業では生徒達に様々な形で自分を表現できる場があることが大切になってきます。

知識や技能を受け身に覚えるのではなく，学んだ内容をいかにクリエイティブ（創造

的）にアウトプットできるかが，学習効果に大きく影響してくるからです。

　子ども達がそれぞれの個性や創造性を発揮していく場面は，積み重ねていくとだんだんと生徒のアイデンティティ（自分らしさ・個性）の一部になっていきます。クリエイティビティを育むことで生徒達の学びがより深まり，どんな世界でも活躍できるしっかりした芯のある人格を形成するのに役立っていくのです。

### 自律した学習者を育てるために私達ができること

　クリエイティブな学習経験を積んでいった子ども達は，次第に学齢に合わせたそれぞれの明確な目標を見つけ動き出し始めます。教師からの答えを待っているだけの子どもでは，きっとこの先の将来を生き抜いていくのはどんどん難しくなってしまいます。

　iPad を授業で活用する際に大切なポイントは，こうした子ども達の「知的好奇心」を大切にし，育んでいけるような活動をたくさん盛り込んであげることだと私は考えています。子ども達は iPad を使いながら対話的に学習を進めることで，自然に友人達と協働しながら問題解決する力を身に付けていきます。友人達と協力しながら「学び」を進めていく経験はとても貴重で，こうした経験が積み重なって最終的には子ども達自身の「自己実現」へつながっていきます。

　子ども達の創造性（クリエイティビティ）を引き出すような授業設計はとても大切で，iPad はそうした授業に向いています。

　子ども達の成長にとってこれから鍵となってくるのは，「学ぶのが楽しい」と心から思える体験を授業という場でたくさん積むことではないでしょうか。

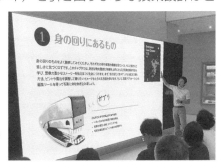

# 05 iPad を活用して 子ども達の創造性を解き放つ！

### ◤ Everyone Can Create

　子ども達が授業中，iPad を使い
ながらクリエィティビティを最大限
発揮できるように Apple は Everyone
Can Create というプログラムを提
供しています。

　このプログラムでは iPad を使い，
それぞれの授業に「ビデオ」「写真」「音楽」「スケッチ」と
いう iPad が得意とする創造的な要素を取り入れ，日々の授
業をより豊かにするアイデアがたくさん紹介されています。
プログラムの内容や，各ガイドブック（電子書籍）のダウン
ロードについては Apple の web サイトから確認することが
できます。

Everyone Can
Create

　Everyone Can Create のガイドに書かれているアイデアを，普段の教
科書を使った学習にスパイスのように少し加えてあげることで，劇的に生徒
の単元理解度が向上します。

　私が英語の授業をしながら強く感じているのは，こうした「ビデオ」「写
真」「音楽」「スケッチ」の要素を日々の授業に取り入れると英語を嫌いにな
る生徒が圧倒的に減るということです。

　英語という教科が苦手でも，担当する教員と馬が合わなくても，「絵を描
くのが好き」である生徒は，授業のなかで「スケッチ」の要素が登場すると

その瞬間その授業で大スターになれます。たくさんの生徒達に，授業での居場所を幅広く提供でき「あ，この学習楽しい！」と感じてもらうことができるのが Everyone Can Create における最大の効果です。

## キッズのためのクリエイティブなアクティビティ 30

　最近では Everyone Can Create の要素をよりわかりやすく，教師ではない保護者の方でも，子ども達と一緒に iPad を使いながら楽しくクリエイティビティを育むことができる「キッズのためのクリエイティブなアクティビティ30」というプログラムも発表されています。「続・キッズのためのクリエイティブなアクティビティ30」と合わせると実に60ものアイデアやヒントが詰まっており，教師の立場でも授業作りの参考にすることができます。

## Apple Teacher プログラム

　Apple はその他にも様々な教育者向けコンテンツを提供しています。

　「とはいえ，なんだかよくわからないし，スタートの一歩をどうやって踏んだらいいんだろう…。」という先生方は，Apple Teacher から始めてみるのがいいかと思います。Apple Teacher は iPad の基本的な使い方，授業での活かし方などクイズ形式でオンライン上で学べる無料のプログラムです。たくさん問題に正解してバッジを獲得していくと，最終的に Apple Teacher に認定され，公式認定証をもらえます。子ども達と一緒に私達教師も，iPad について学んでみるのもいいかと思います！

# Chapter 2

# クリエイティブな授業の準備と評価

# ○1 プロジェクターに 投影しやすい資料を作る

◆ アプリ：Keynote（Apple）

## プロジェクターを活用した授業作り

　最近では，ひとつの教室につきそれぞれ1台のプロジェクターが設置されていることが多いです。プロジェクターをうまく活用していくと授業内容が効率化され，より多くの内容を1回の授業内に扱うことができます。例えば，「今日の授業で必要なもの（教材）」などのプロジェクターに映す資料を事前に準備して，投影することで板書の時間が大幅に短縮されます。

## 1 Keynote を使って資料作りをする

　Keynote とは，プレゼンテーションの際よく用いられるアプリケーションです。Keynote はプレゼンをすること以外にもできることが幅広く，授業のさまざまな場面で活用できるのが特徴です。

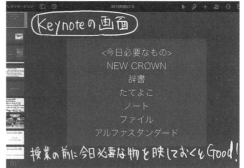

【Keynote の資料作りのポイント】

・教科書の音読をする際，音源を
　流したり本文を前方のスクリーンに投影することができる
・授業で使いたい映像資料（動画）を簡単に差し込むことができる
・授業で使ったスライドが Keynote 上に残るため，自然と授業の流れを記
　録しておくことができる

## 2 「今日の授業で必要なもの（教材）」を実際に作ってみる

Keynote を開いて，実際に資料作りを進めてみましょう。左ページの写真のように，「今日の授業で必要なもの（教材）」などのスライドを作っておいて，授業が始まる前の休み時間から大きく黒板に写しておくことも有効です。（本校の場合，正面黒板にプロジ

ェクターが設置されているので，スクリーン脇のスペースに授業内で出た解説や捕捉事項もろもろを書きます。）

授業中に教科書内のページをスクリーンに映す場合，該当のページを事前に，スキャナーでスキャンしておき，その画像を iPad に取り込んでから作業をします。

## 3 画面右上の " ＋ " ボタンから写真で撮った画像を追加する

" ＋ " ボタンからはいろんなものを Keynote に追加することができ，画像以外に私がよく使うのは音声ファイルです。

教科書本文を朗読しているものや，リスニング問題などを入れておくと，プロジェクターから教室全体に聞こえるように音声を流す

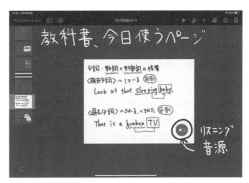

ことができます。（こうすることによって CD ラジカセが不要になります。ラジカセは毎時間運んでると重いですし結構手間になっちゃうんですよね。）

# 4 板書の時間をなくす

iPadで事前に教室のプロジェクターに投影しやすい資料作るもうひとつの大きなメリットは，板書する内容を途中のスライドに差し込める点です。

ICT機器やプロジェクターが教室に入る前の昔の時代ですと，①教師が黒板に板書をして→②それを生徒が写す作業にそこそこ時間が取られていたと思います。

> 関係代名詞：接続詞＋代名詞
> ① She is the girl.
> ② The girl painted this picture.
> → She is the girl the girl painted this picture.
> → She is the girl that painted this picture.
> (who)
> ポイント
> (1) 共通するものを探す (2) くっつける (3) 片方を関係代名詞に！

板書を写す活動は授業の時間をたくさん使ってしまうこと以外にも，教師が伝えた知識を「受動的に」受け取るだけ。というよくない学習習慣につながってしまいます。知識は「主体的」に獲得していくことが大切ですのでこうした子ども達が「受け身」になる時間を極力減らしていくことは，授業を設計する上でとても重要なポイントになってきます。

授業で板書する内容を，事前に紙やスライドに書いて準備しておけば教室のプロジェクターを使って一瞬で投影できます。

この板書したものを生徒が自分のiPadのカメラで撮影して保存すれば，（賛否は分かれますが）今まですごく時間がかかっていた子ども達が板書を写す作業も一瞬で終わってしまいます。

事前に準備するこの一手間が加わるだけで，授業中の作業効率が大幅に上がり，スピーキングやリスニングなど，他の活動を板書時間の代わりにより多く実施することができます。

# 5 注意しておきたい著作権のこと

できあがった授業用の資料は、
教科内の他の先生方とシェアしな
がら使うことができるのもこうし
た資料を作る上での大きなメリッ
トです。(Keynote を一番素早
く共有する方法は、AirDrop（エ
アドロップ）という方法です。
Keynote ファイルを共有したい
相手の iPad に直接転送します。)

特に英語科の特徴として、同じ学年の同じ単元を複数の先生で受け持って
教える場面が多いですのでそうした場合にこの方法はかなり有効です。

授業準備が１回で済み、そのプロジェクターに投影する資料を共有すれば
授業内容や進度を、複数の先生が関係する場合でも一定に保つことができま
す。

こうした教室のプロジェクターに投影する資料を作る上で注意したいのが
著作権についてです。近年ではデジタル化が進んだこともあり、私達教師が
知らず知らずの間に教科書会社の著作権を侵害してしまうことがあります。

使用する教科書会社によって対応は様々です。例えば学校で指導書や教員
用の音声データを既に購入している場合、Keynote で作成したこうした授
業用の資料について学校内で共有することは可能ですが、メールなどに添付
して学校外に出してしまうことなどは禁じていることが多いです。

詳しくは著作権を保有する出版社に確認を取った上、上手に資料作りを進
めてみてください！（私も NEW CROWN の出版元である三省堂さんに確
認を取った上でこの章を書いております。）

# 02

# iPad を「ノート」として使う

◆ アプリ：OneNote（Microsoft），Numbers（Apple），Pages（Apple）

## iPad は使い方次第で素晴らしいノートになる

　iPad はスマートフォンや携帯電話よりもサイズが一回り大きいため，ノートとして使うことも可能です。Apple Pencil などを使って板書を iPad のノートに書き写すこともできますし，好きな絵を挿し絵としてノートに書き足すことも可能です。

## 1 Apple Pencil を使って iPad に手書きでノートを取る

　学齢が上がってくると子ども達は iPad の操作に慣れ，iPad を使ったより効果的で学びやすい方法を探るようになります。Apple Pencil を用意して iPad 上へ書き込む手法を学んでいくと，iPad をノートとして活用することができるようになります。

　Apple Pencil を用いた書き込みができるようになると子ども達の表現の幅が一気に広がるだけではなく，iPad が本物のノートの代わりとなり何冊も紙のノートをカバンに入れる必要がなくなるため，普段学校に持ち運ぶ荷物の量を減らすことにつながっていきます。

# 2 OneNote をルーズリーフファイルのように使う

中高生から人気が高い，iPad で使えるノートの
アプリケーションは OneNote です。

右図のノートをイメージしてください。OneNote
は iPad に 1 冊のノートブック（ルーズリーフをフ
ァイルでまとめるイメージです）を作ることができ
るアプリケーションです。（「○○さんのノートブック」という項目が自動的
に作成されます）教科ごとにノートをカテゴリー別に「セクション」として
分類することができます。ラベルもカラフルで，「国語」「数学」「地理」「物
理」など教科ごとに工夫して整理をすると定期テストの際などノートを見返
しやすいです。

実際に「ページ」の部分で手書きのノートを作っていきますが，ページ左
上にタイトル欄があります。タイトルの部分に単元名「Lesson1」「過去形
の授業」などを書き込んでいくとノートを使うことができるようになります。
Apple Pencil を使ってノートをとる場合，メニューバーの「描画」タブか
ら書き込みを開始します。ペン先や色を自由に選ぶことができ，文字を書く
だけでなく大事な部分に蛍光ペンでマークしたり，使い方によっては手書き
で書いた図形をきれいな円や四角形，直線などに変換することもできます。

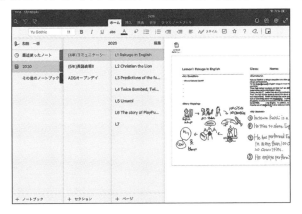

# 3 Pages を使ってノートに動画や画像を差し込む

iPad に最初からインストールされている Apple 製アプリケーションを用いてもこうした手書きのノートを作ることができます。例えば Pages での事例をご紹介します。

Pages はキーボードで文字を打ち込んで文書を作成するワープロ・アプリケーションのイメージが強いですが，もちろん Apple Pencil など（指でもできます）を

使って手書きの文字を書き込むことが可能です。また，画像や動画を貼り付けることも可能ですので，例えば解説を書いた横にわかりやすいイラストを加えたり，先生が授業内で黒板に書いた板書をカメラで撮影した写真をノートに加えることも簡単にできます。

# 4 Numbers から表を削除して，無限のキャンバスを作る

また，Numbers という Apple 製アプリケーションもノート作りに活用することができます。Numbers は主に表計算をする際に使用されるアプリケーションですが，この表を削除することで切れ目のない無限のキャンバスに手書きの文字やイラスト，メモなどを加えることができるようになります。実際のノートと違い，１ページに書き込むことができる分量が限られていないため，いくらでもノートへの書き込みができるのが特徴です。

# 5 「私がiPadを使って楽しいと感じる瞬間は，iPadを使って作ったノートを褒めてもらえる瞬間です。」

実際に，iPadをノートとして活用している子ども達にノートをどのような形で作っているのか話をきいてみると，「ノートをとり始めた時はiPadの機能がたくさんありすぎて全てを使いき

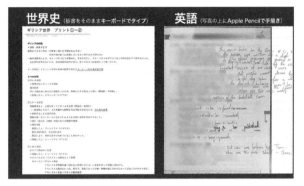

ることができなかった。」という意見がありました。特に中学1年生など新入生がiPadに慣れていくのにはある程度の時間がかかります。「学年が上がり，慣れてくると，授業によってApple Pencilを使って板書を手書きで写すのか，キーボードを使って板書をタイピングした方が効率がいいのか考えながら切り替えてノートを作ることができるようになりました。」「写真は現在（高校1年時）の自分が作ったノートの写真です。色の使い方やペンの種類を工夫し，自分なりに見やすく後々振り返りやすいノート作りを心がけています。」と感じている子ども達もいます。子ども達はiPadの使い方を自分達なりに試行錯誤しながら使ってみることで，私達大人が考えるよりもはるかに早いスピードで自分の学びに活用していることがわかります。

　ある生徒は，「私がiPadを使うことで楽しいと感じる瞬間は，iPadを使って作ったこうしたノートを褒めてもらえる瞬間です。先生からのコメントで『このノートいいね，見やすいね。』と言われた時，とても嬉しく感じ，もっと学習を頑張りたいと思います。」と話していました。こうした生徒のちょっとしたiPadの使い方についての工夫に気付き，適切に声をかけてあげるだけで，その後の学習に対するモチベーションがどんどん上がっていくことがこの発言からもわかります。

# 03 単語テストの練習問題やクイズを「生徒が」作る

◆ アプリ：Quizlet（Quizlet），Kahoot!（Kahoot）

## 学習した内容をクイズでまとめる

　ある程度学習が進んでいくと，単語テストや小テストなどで学習した内容の定着度を測る機会が増えてくると思います。こうした単語テストも，iPadを使うことでより子ども達が主体的に学習を進めることができるようになります。

## 1 単語テストの学習に Quizlet を活用する

　単語テストを行う際，Quizletというアプリケーションを活用するとより効率的に新出単語の定着を図ることができます。

　Quizletとは，自分で単語帳を作ったり，また他人が作って登録した単語帳を借りて

使いながら学習することができるアプリケーションです。子ども達でも簡単に単語帳を作ることができ，その単語帳のデータをもとに英語→日本語，日本語→英語などの練習問題やゲームで学習ができる教材を自動で作成してくれます。単語帳に入力された単語の正しい発音を AI が自動で生成し，聞くこともできます。

## 2 Quizlet の様々な学習モード

Quizlet には様々な学習モードがあり，「学習」や「筆記」などの練習問題形式で単語の勉強ができるモード，デジタル「単語カード」を使ってカードをめくりながら勉強するモード，時間内に対応する日本語と英語を「マッチ」させながら消して

いくゲーム感覚で勉強を進めるモードなどがあります。Quizlet の最大の特徴はオリジナルの単語帳を作って，iPad やスマートフォンでどんな場所や時間（通学の電車のなかや昼休み中）でも手軽に復習ができるところです。様々な学習方法から自分に合った手法を子ども達が自由に選ぶことができるのも魅力的です。

## 3 Quizlet を使って「生徒が」単語テストを作る

Quizlet で学習を行う最大のメリットは，子ども達が練習問題などを自由に作ってクラスメイトと共有することができる点です。練習問題とはいわず，実際に使用する単語テストの問題を交代で生徒に担当してもらうのもいいかもしれません。

Quizlet は英語科だけではなく，様々な教科（特に暗記系の活動）で活用することができる便利なツールです。例えば，国語科であれば「百人一首を覚える」理科であれば「元素記号を覚える」などに利用することができます。

# 4 Kahoot! を使ってクイズ大会を企画する

　ご紹介した Quizlet 以外にも，Kahoot! というアプリケーションを活用するとより授業や英語学習が楽しくなります。

　Kahoot! とは，簡単に早押しの2～4択クイズを作ることができるアプリケーションです。

　事前に Kahoot! で早押し問題を作成し，授業では大きなスクリーンに問題を投影していきます。

　子ども達は自分の iPad やスマートフォンを使って正しい回答を早押しで選択していきます。全員が答え終わるとすぐに解答を確認し，正解・不正解によってそれぞれの得点を確認することができます。また問題を作成する際，制限時間や正解すると何ポイント獲得できるのかなどを個別の問題に設定することも可能です。

　私も年明け3学期（1月）の一番最初の授業で Kahoot! を使い，前年の重大ニュースをまとめた "New Year Quiz" をすることが毎年の恒例になっています。

　意外と日頃ニュースを見てるようで見てない子ども達も多いため，1年をこうした英語の授業で振り返ると国内の話題だけでなく，国際的なニュースについても関心を高めることができます。

## 5 Kahoot! で「生徒が」クイズを作る

Kahoot! は Quizlet と同じように，子ども達でも簡単にクイズを作ることができるアプリケーションです。こちらも活用の場面は様々で，例えば授業内で子ども達がそれぞれ

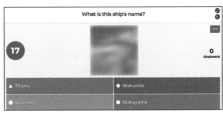

自分の好きな国についてクイズを英語で作成して，何人かのグループを作ってお互いにクイズを回答し合ったり，また生徒会活動の一環で子ども達が新入生のための「学校紹介クイズ」を作って新入生が入学する際のオリエンテーションに使うのもよいアイデアかもしれません。

## 6 クイズ作りと学習効果

こうした「練習問題」や「クイズ」を子ども達自身が作って取り組むことは子ども達自身で「学び合う活動」や「教え合う活動」に自然と結びついていきます。学習内容の定着度合いを表す「学習のピラミッド」（下図）にも"他の人に教えること"が最も知識の定着に良いという結果を示しています。つまり，こうしたことからも「作って」→「作ったものについて説明したり，一緒に取り組む」こと。そのなかで友達同士の協働作業がどれだけ作り出せるかがその後の知識定着にどれほど重要であるかわかります。

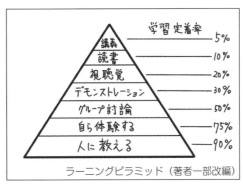

ラーニングピラミッド（著者一部改編）

# 04 授業の振り返り動画を作って配信する

◆ アプリ：カメラ（iPad），YouTube（YouTube），iMovie（Apple），
Explain Everything Basics（Explain Everything）

## ◆ 振り返り動画を活用した学習の手法

コロナウィルス感染拡大の状況などから，子ども達が自宅で受講するオンライン授業をする機会もだんだんと増えてきました。オンライン授業をする際に「問題集の解き方やポイント」「学習している単元の振り返り動画」など必要な動画資料を事前に作って子ども達の iPad に配信しておくと，学校に行けず授業を欠席してしまった子ども達に対してフォローアップがしやすくなります。

## 1 授業内容を撮影，録画してみる

いきなり「授業の動画を録ってみましょう。」と言われても，はじめてチャレンジする場合，何から手をつければいいのか…という不安な気持ちに駆られてしまうのではないでしょうか。まずは授業で使う板書計画などをノートにまとめて，その内容について説明しながら iPad のカメラでその様子を録画していくことから始めるのをオススメします。撮影する際に iPad を固定する三脚などを用意しておけばすぐに授業の振り返り動画作りをスタートできるとても手軽な方法です。

## 2 YouTube を使って授業の解説動画を共有する

振り返り動画を撮影した後は，それぞれ自分の iPad で動画を見ながら学習してもらえるように共有をします。YouTube に振り返り動画をアップロードすることで多くの子ども達が視聴することができるようになります。必要事項

を入力して YouTube アカウントを作成したのち動画を YouTube にアップロードしていきます。振り返り動画を共有する際は，写真にあるように YouTube 上の「共有」ボタンから web リンク（URL）をコピーして子ども達に配布します。メールで送信することもできますし，学校によってはクラスルームアプリケーション（Apple），Google Classroom（Google）といったラーニング・マネジメント・システム（教育 SNS）が活用できるかと思います。動画を学校に在籍している子ども達だけに共有したい場合は「限定公開」を選択すると web リンクを知っている人しか動画にアクセスできない仕様にすることができます。

## 3 iMovie を使って振り返り動画を編集する

撮影した動画をそのまま流すと長くなってしまう場合や音がうまく録れていない場所などがあるときは，編集をしてから動画を公開するといいかと思います。動画の編集には iMovie を使用します。iMovie は iPad で手軽に動画編集を行うことが

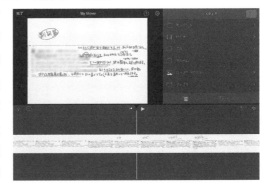

できる Apple 製アプリケーションです。（iMovie の使い方などに関しては Chapter3以降に記載しています。）

# 4 Explain Everything Basics を使って解説動画をキレイに作る

ここまでは，ノートの実物をカメ
ラで撮影して YouTube で配信す
る方法をご紹介してきました。もう
少しキレイで見やすい振り返り動画
を作る際は Explain Everything
Basics というアプリケーションを
使うのが効果的です。有料のアプリ
ケーションですが，説明する教員の

※画像は旧バージョンのものです

手元を撮影しながら，短時間で解説動画をつくることができます。録音した
声の説明とともに画面に文字や解説が書き込まれていき，まるで先生の近く
で授業を受けているような感覚になります。

# 5 既存の授業動画を活用する

自分でこうした解説動画を毎回作って配信していくのは本当に大変な作業
です。巷には様々な先生，教授，教育者，YouTuber の方達が作った解説

動画や授業の動画が各種 web サ
イトで提供されています。スタディ
サプリ（リクルート）や
Classi 学習動画（Classi）など，
有料のサービスではありますが，
毎回の授業の振り返り用に補助的
にうまく活用できると教員の負担
を減らしつつ，子ども達の学習理
解がさらに深まります。

# 6 登校したくてもできない生徒のケアを想定した授業作り

　振り返り動画を作成し生徒に配信する作業は，とても手間のかかる大変な作業ですが，回数を重ね慣れてくると割とスムーズにできるようになってきます。授業の振り返り動画がオンライン上で「いつでも」「どこでも」見ることができる状態をつくっておくことは子ども達にとって，とても大きな安心感につながっていきます。

　特に昨今のコロナウィルス感染拡大が続いている厳しい状況下にあっては「登校して友達に会いたいけれど，感染のリスクを考えてやむを得ず欠席する子ども達」や，「心身の不調で不登校になってしまった子ども達」へのケアも学校現場では強く求められます。私が推奨したいのは，日頃の対面授業の授業計画を「何かあったとき，いつでもオンラインに切り替えられるように」少しずつ準備をしておくことです。

　具体的には，授業で行う重要な説明に関しては録画（振り返り動画）を作成しておいて，いつでもどこでも授業が振り返られる状態に準備しておく。課題の提出はメールなどを使って，どこからでも提出できるように工夫する。YouTube などにある既存の学習動画を日常から補助的に活用する。わからない問題の質問については，Zoom など子ども達とオンラインでつないで「オンライン質問会」を開催してみる。など，対面でしかできなかったことを少しずつオンラインで代替することで，教室に来たくても来れない子ども

達に対してよりきめ細やかなケアを行うことができるようになります。一気に全てをオンラインで代用することは難しいですので，まずは少しずつ日頃の教室での活動を，自宅でも同じように行えるように工夫してみると良いかと思います！

# 05 クリエィティブな学習を評価する

## ◆ 学習評価をアップデートする

　本書をひと通り読んでいただくと「こうしたクリエィティブな活動を授業中に取り組む際，生徒の評価はどうしたらいいの？」ですとか「そもそもこれって点数化が難しいんじゃないの？」といった学習評価についての疑問がたくさん浮かんでくると思います。私自身もこうした評価については質問される機会も多く，日々悩みながら取り組んでいます。学習評価に関しては確固たる正解があるわけではありません。子ども達がクリエイティブな活動を行う上で，どのような評価を行えばより良い成長につながるのでしょうか。考えてみましょう。

## 1　学習評価の在り方

　2021年，学習指導要領の改訂に伴い中学校における学習の在り方が大きく変わりました。多様化，複雑化する現代社会において子ども達がより良く生きていくために必要な力を身につけるため，教育の在り方が改めて見直されています。①知識・技能を高める，②思考力・判断力・表現力を高める，③主体的に学習に取り組む態度を身に付けるという３つの柱を軸に，変化の大きな社会を生き抜ける人材育成を目指します。

　とりわけ英語教育においては従来の聞く，読む，話す，書くという４技能に加え，他国の文化を受け入れ，尊重しつつ自分の意見や考えを伝えることができるような異文化コミュニケーション力も重視されるようになりました。

　テクノロジーやiPadを用いた学習活動を通して自然と身に付いていくよ

うな，自分を表現する力，自分とは
異なる他者の考えを受け入れる力，
データに基づいて事実をきちんと伝
える力など，あらためて重視されて
いると言えます。

　こうした新しい考え方に基づく学
習評価の方法も，現在ではペーパー
テストの点数から評価をする従来の
よくあるものに加え，アンケートを取ったり，スピーチや発表をビデオに撮
影し振り返ったり，問題を解いている過程を iPad で撮影して分析したり，
といった様々な手法が使えるように変化してきました。

# 2 そもそも評価は何のためにするの？

　では，こうした学習評価は一体誰のためにするものなのでしょうか？　ま
た，何のために子どもの学習について評価していく必要があるのでしょう
か？　そこには様々な理由があると思います。成績をつけて通知表を作るた
め。受験に向け調査書を作るため。中でも一番大切なのは，子ども達自身が
自分はどんな部分がこの１年間で成長し，何が足りないのかを確認した上で
今後の成長につなげていく材料にしてもらうという点です。

　そのために私達教師は，授業に入る前に診断テストやアンケートを行い子
ども達の現状の力を測定したり（診断的評価），小テストなど定期的に子ど
も達の成長度合いを測定したり（形成的評価），授業の最後に定期テストや
レポート，プレゼンテーションの発表などをまとめとして行うことで子ども
達の最終的な成長を測定する（総括的評価）など様々な手法を用いながら，
子ども達の成長を見守ります。

　評価方法にはそれぞれ得意・不得意があり，評価方法の特性を見極めなが
らそれぞれの学習評価を作っていく必要があります。例えば，ペーパーテス
トは知識・技能を測る問題は作りやすく，数学の問題などで途中式などを解

答用紙に記入してもらうように工夫すれば思考・判断・表現を測ることはできます。しかし，ペーパーテストは主体的に学習に取り組む態度を育む評価方法としてはあまり適していません。また授業内での活動をポスターで発表するような評価方法は知識・技能の定着を測る測定方法としてはあまり適していませんが，子ども達がどのような思考・判断・表現を経て発表しているポスターの作成にいたったのかとてもよく見ることができます。教師側の動機付けやテーマ設定の方法，子ども達それぞれの役割設定などの工夫で主体的に学習に取り組む態度についてもよく見えてきます。

iPadを活用したクリエイティブな活動については，教科を学習した上で得た知識を使いプレゼンテーションや何かしらの作品を友達と協力しながら作って発表していくことが多いです。例えば「教科書にあるピーターラビットの文章を読み，そのストーリーで自分が大切だと思う部分を4コママンガにして表現しなさい。」といった課題です。こうしたものは高次で複雑な知識・技能・思考・判断・表現を発揮することが求められるパフォーマンス課題と呼ばれています。パフォーマンス課題はペーパーテストとは異なり，○×では単純に評価することができません。そのため課題に対する子ども達の取り組みについて評価していくためには，ルーブリックという指標が必要になっていきます。

# 3 ルーブリックは子ども達のもの

私自身，こうしたクリエィティブな活動（パフォーマンス課題）の評価についてはとても慎重に，事前にしっかりと検討を重ねた上で行うべきだと感じています。作った作品にコメントやフィードバックをしてあげることは大切ですし，それを励みに生徒達は次の活動に向かうのですが，先生1人の考えで生徒達のクリエイティブな創作物を厳しく評価しすぎてしまうと，将来の芽を摘んでしまうことにつながりかねないので注意して行うべきです。ルーブリックを作っていく際もできるだけ複雑になりすぎず，子ども達が読んでも十分わかるようなものを作っていくことが望ましいです。

例えば私の場合，①適切な
英語が使われているか，②ス
ライドやビデオなど成果物は
素晴らしいか，③プレゼンテ
ーションや発表自体の内容は
どうであったか。この３点を

| Presentations – Student Evaluation | | | | |
|---|---|---|---|---|
| Name: ＿＿＿＿＿＿＿ Class: 3 - ＿ - ＿ | | | | |
| | | / 5 | / 5 | / 5 | / 15 |
| # | Name | English | Slides | Present. | Total |
| 1 | | | | | |
| 2 | | | | | |

評価するとてもシンプルなものを繰り返し使っています。（このルーブリッ
クでほぼ全ての活動について評価しています。）ルーブリックとは授業を行
う教師が「こういう力を大切にしてほしい。」という子ども達に対する明確
な意思表示です。教師から子ども達への一方通行の評価だけではなく，プレ
ゼンテーションなどをする際子ども達同士でルーブリックを使いながらお互
いに評価し合っていくことで，自然と教師である「私」が大切にしている観
点が子ども達に身に付いていきます。

大切なのは，複雑で細かいルーブリック表を使って評価をすることではな
く，シンプルでわかりやすいルーブリックを子ども達のなかに落とし込み，
それを行動の規範としてもらうことだと思います。

# 4 Elements of Learning（学びにおける重要な要素）

では，こうした iPad を用いたクリエイティブな活動の学習評価について，
iPad を創り出した Apple は一体どのように考えているのでしょうか。
Apple は学びにおける重要な要素について「チームワーク」「コミュニケー
ションと創造性」「学びの個別化」「批判的思考」「実社会とのつながり」の
５つの視点から，教室における学びの広がりを分析しています。学校での学
びが教室の中だけに留まってしまうのではなく，テクノロジーを活用しなが
ら子ども達自身が自らの足で広い世界に歩みを進めていけるような学びが大
切なのではないでしょうか。

〈参考〉「観点別評価って　～評価は学校の意志表示～」福岡市立福岡西陵高校　吉本悟（https://docs.
google.com/presentation/d/1iA_DAQTbVvTUH1ekDaDoe-ha2WZZu1ZhFOsDylgHnsk/edit?fbcli
d=IwAR1NV620S0UsWnlDWbFz6GRDeG0s9lbqFy13BLbTnKOLzpUR3RlxvdZM1mY#slide=id.p)

# Chapter3

# 実践！
# クリエイティブな英語授業

✏ …Apple Pencil などの使用を推奨する活動

# 01 Small Talk をしてみよう

◆ 文　法：be 動詞，一般動詞，語彙習得
◆ アプリ：メモ（Apple）

10分

## ねらい

・授業で学んだことについて，習慣的に英語で話したり聞いたりする場をもつ。
・頭の中で文章を組み立て，それをアウトプットする力を身につける。
・即興で話す英語力を鍛える。

## ◆英語での簡単な会話を通して発話力を身につける

　小学校を卒業して中学1年生になった生徒達は，小学校で全員英語を学んできたとはいえ，**英語力は一人一人まちまちな状態で中学校へ進学**をしてきます。最近では幼少期の頃海外で生活した経験がある子と，中学生になってから英語を本格的に学習し始める子など全く異なる英語レベルの生徒達が同じ教室で学んでいるといった状況も少なくありません。Small Talk を英語学習の初期（低学年）から習慣的に取り組むことで，それぞれの生徒達に合わせた語彙の習得や発話力の獲得につながっていきます。

Step 1 マインドマップを作る（8分）

Step 2 マインドマップをもとに1分間スピーチをする（1分）

Step 3 相手のスピーチの語数を数える（1分）

# 1 Step マインドマップを作る (8分)

Small Talk とは，教師が設定したその日のテーマに沿って１分間のスピーチをする活動のことです。時間も短く，一見簡単そうに見える活動ですが**「１分間」英語で話し続けるのは大人でもなかなか大変です。**（日本語であっても，１分間一方的に喋り続けることは難しいこともありますよね…）

最初に，「今日の Small Talk テーマ」を生徒達に提示します。入学した直後の授業であれば "Self introduction（自己紹介）"，週末明け月曜日の授業あれば "My weekend（週末の出来事）" であったり，クリスマスなどのイベントがあった翌日などは "My Christmas（私のクリスマス）" などのわかりやすい**「楽しい経験」を中心にトピックを設定する**と生徒達のイメージが広がり，発話がしやすくなります。

授業で学習した内容の振り返りや導入として Small Talk を活用するのも効果的です。例えば，三人称単数現在形には動詞の最後にｓが付く（いわゆる三単現のｓ）を学習した後は "My friend（私の友達）" をテーマに三単現のｓを使いながら友人の紹介をしたり，未来形（will や be going to）を学習した後は "My future（私の将来）" をテーマに未来形を使いながら自分の将来について語ったりすることなどが挙げられます。こうした短いスピーキングの活動を，授業の冒頭や朝学習など**習慣的に（できれば週３回ほど）入れていくことで「自分の頭で英語の文章を組み立てていく力」や「イ**

**ンプット（学習した知識）をアウトプット（発信）する力」を育むことができる**ようになっていきます。

こちらが Small Talk を行う際に使うマインドマップです。スピーキングの活動を行う前にテーマに沿ったキーワードを iPad のメモを使ってできる限り書いていきます。

例えば，"My hobby" をテーマに Small Talk を行う場合，マインドマップに趣味の種類やジャンル（ピアノ，音楽など），いつ・どこで・誰とその趣味を楽しむのか，その趣味のどんなところが好きなのか（なぜ，その趣味が好きなのか）など，具体的にマインドマップへ書き込んでいくことでその後のスピーキング活動がスムーズに進行できます。

　通常マインドマップ作りは5分程度で行いますが，Small Talk を始めたばかりの段階では，マインドマップ作りにある程度（5分以上）時間をかけることが望ましいです。逆に生徒達が慣れてきたらマインドマップを作らずにテーマを提示後いきなりスピーキングの活動に入るのも良いと思います。

## Step 2　マインドマップをもとに1分間スピーチをする（1分）

　マインドマップを作成した後，近くの生徒同士でペアを組んで1分間のスピーチを行います。ペアの組み方は前後の席や隣同士の席といった形から，くじ引きで決めたり，あらかじめランダムにペアを作っておく方法も考えられます。ペアが決まったら，ジャンケンをして喋る順番を決め，先に喋る生徒は，作ったマインドマップを見ながら英語で1分間のスピーチを行います。

マインドマップに書いたキーワードをうまく使いながら，頭の中で自分なりに英語の文章を瞬時に組み立てていく力がこの活動では重要になってきます。1分間，話し続けるのが難しい場合は "Mmmm…." や "Uhhhhh…." といった相槌をうまく使いながら，1分間英語のスピーチが続くように努力します。20秒しかスピーチが続かなくて，はいおしまい！（勝手にばらばらと着席する）状態にしてしまうと活動の効果が下がってきます。頭を捻りながら1分間なんとかスピーチをもたせることで，思いもよらない内容を思いついたりします。生徒達には頑張って1分間スピーチをしてもらいましょう！

　スピーチが終わった後，「What，Why といった疑問詞を使って一つ質問をしてみましょう。」と**相手側から簡単に質問の受け答えをする機会をもつこともオススメです**。質問の受け応えには即興性が求められるため，瞬時に質問の内容を理解してより適切なコメントをする力を伸ばすことができます。

　マインドマップを作る段階でたくさんのキーワードを書くことができている生徒は，スピーチする内容も多岐に渡って話すことができるので1分間があっという間に感じるかもしれません。

　**実際にスピーキングの活動をする際はいすに座ったままではなく立って行うのが望ましいです**。英語は発音をしたり，会話をしたり，体や声を使って表現をすることでより多くの英語力を身につけることができます。（英語学習は「実技教科」のように体で覚えてしまった方が早い場面も往々にして出てきます。）体全体を使って英語を学ぶスイッチに切り替えるため，場合によってはいすから立った後，軽くストレッチや準備運動をしてからスピーキングの活動に入るのも良い方法です。

# 3 Step　相手のスピーチの語数を数える（1分）

　自分のスピーチが終わったら，交代して相手の1分間スピーチを聞きます。その際，**相手が「1分間で英単語を何語言うことができたのか。（WPM：Word Per Minutes）」を数えていきます**。生徒同士で行うため厳密に正しい数を数えることは難しいですが，お互いの話す英語について真剣に聞いていくことで，リスニングの力を習慣的に伸ばすことができます。WPMを測るのに「ワードカウンター」（『目指せ！英語授業の達人14即興で話す英語力を鍛える！ワードカウンターを活用した驚異のスピーキング活動22』p.7，西巌弘著）を使うと上手に単語数を数えていくことができます。

# 02 プレゼンテーションをしてみよう —Show and Tell

1年　聞く　読む　話す[やり取り]　話す[発表]　書く

◆ 文　法：be 動詞，一般動詞，語彙習得
◆ アプリ：写真（Apple）

10分

## ねらい

・自分の好きな写真から「どこで」「誰と」「いつ」撮ったものなのか，英語で表現する力をつける。
・英語でプレゼンテーションする力を身につける。

### ◆ iPad やスマートフォンに入っている写真を授業で活用する

　Small Talk の活動の延長として「自分の iPad に入っている写真について英語で紹介してみよう！」というものがあります。写真1枚のもつ情報量はとても多く，写真を授業の素材としてアクティビティに取り入れると，授業の幅が大きく広がります。iPad の中に入っている写真を相手に見せながら，その写真について生徒に語ってもらうだけで，より良いプレゼンテーションを行う力の育成につながるだけでなく，友人について「この人はどんなことをするのが好きなのか」など理解が深まり，意外な発見が見つかることがあります。

Step 1
写真を1枚選び，マインドマップを作る
（8分）

Step 2
選んだ写真を見せながら1分間スピーチをする
（1分）

Step 3
相手の1分間スピーチの語数を数える
（1分）

# 1 Step 写真を1枚選び，マインドマップを作る（8分）

　iPad の中にある写真から1枚，自分の好きなものを選び，その写真についてペアの友人に紹介していきます。写真を友人に見せて（show）説明する（tell）という点から，一般的にこの活動は Show and Tell と呼ばれています。通常は写真だけではなく，例えば「自分の好きな文房具について紹介する」というテーマの場合，筆箱に入っているシャープペンシルやハサミなど**実物を見せながら Show and Tell を行うことも多いです**。iPad やスマートフォンに入っている写真には学校で使うノートや問題集を撮影したものだけではなく，旅行先で撮った風景や，友人と食べに行ったランチの写真などプライベートな場面で撮影されたものもあります。そうした**プライベートなものをうまく使いながら生徒達の「好き」という気持ちを引き出しつつ，プレゼンテーションで表現することについて Show and Tell を通して学ぶことができます。**

　Show and Tell を始める際，前回の Small Talk と同じように「今日のテーマ」を設定します。Show and Tell の場合，**自分の写真を紹介しやすい内容でテーマを設定するのが望ましいです**。例えば，"My favorite picture（私のお気に入りの写真）" や "My favorite place（私のお気に入りの場所）"，"My favorite tools（私のお気に入りの道具）" など「お気に入りの○○」という汎用的なテーマを事前に設定しておくと生徒達も写真を探しやすいと思います。iPad のホーム画面から「写真」のアプリケーションを開くと，今まで撮ったたくさんの写真が表示されます（友達に見られたくない写真は "非表示" にしておきましょう）。その中から今日のテーマに

写真

沿った好きな写真を選んで紹介をします。より良く選んだ写真を紹介するために，マインドマップを準備して「写真が撮られた場所」「誰と写っているのか」「どんな場面なのか」などを事前に書いておくと，写真を1分間で説明する際により多くの情報を相手にわかりやすく伝えることができます。

# Step 2 選んだ写真を見せながら1分間スピーチをする（1分）

　写真を選び，マインドマップを作成した後はペアを組んでお互いの写真について紹介していきます。ペアの組み方は Small Talk の際と同じように隣同士や前後左右の生徒だけでなくランダムで組んでみたり，普段あまり話さないような相手と組んでみたり様々なバリエーションで取り組んでみると生徒同士の以外な一面をみることができて活動中のやりとりがより豊かになっていきます。ジャンケンをして順番を決めた後，最初の発表者は自分のiPad に紹介する写真を表示させます。その画面を相手に見せながら1分間のプレゼンテーションを開始します。Small Talk 同様，1分間頑張って英語を使って喋り続けるのが最も大切なポイントです。（1分間話がもたない場合は "Umm…" や "Let's see…" などの相槌を使いながらその間に喋ることを考えることが重要です。）写真について紹介する際は，"I like…. because…." や "This is…." など，基礎的な表現を軽く練習した上でプ

レゼンテーションを開始するとスムーズに進行していきます。生徒達は写真を紹介している最中，自分の体験を語るのに熱が入り，つい日本語が混ざってしまうこともあります。そんなときは生徒達の「自分の体験を話したい！」という気持ちを大切にして，「うんうん，それすごくおもしろいよね！」であったり「○○って英語でなんて言うんだろう？」と生徒の気持ちに寄り添いながら相槌や少しフォローをしてあげると，生徒達の「話したい！」という気持ちと，その気持ちを英語で表現する力がより強く結びついてきます。生徒「先生，あのね！　この写真撮ったあとお母さんがソフトクリーム落としちゃって大変だったんだ〜。」先生「そうなんだ〜，その後どうしたの？　新しいの買ってもらったの？　そこらへんも英語にできるといいよね〜。」生徒「あ，そっか。落とすってdrop でいいのかな？　英語にしてみますね！」こんな流れです。

## 3 Step 相手の１分間スピーチの語数を数える（1分）

　プレゼンテーションを始めて１分が経過したらペアと交代します。こちらも Small Talk と同様，相手のプレゼンテーションを聞きながらいくつ英単語を言うことができたか単語数を数えます。数えていくなかで，**自分にとって興味がある内容の話が出てきた際は "Why?" や "What is this?" など英語で簡単に質問ができるよう事前に練習をしておく**といいかもしれません。相手のプレゼンテーションを聞き，単語数を数えていくなかで，英語を聞き取る力が上がっていくだけではなく，友達の興味関心についてもより深く知ることができ多くの生徒達の好きなことや長所を知ることができます。最初は１分間に20単語（WPM）しか英語を話せなかった生徒達も，**回数を重ねていくと１年間で倍近くの英単語数を話すことができるようになります。**

## ＋α 大切なのはミスを「気にしない」力

　こうしたプレゼンテーションや英語のスピーキング活動で大切なのは，少しくらいのミスは「気にしない」ということです。ミスを恥ずかしがったり，ミスを気にしてしまうあまり，なかなか英語が口を突いて出てこないのは本当にもったいないことです。授業は「自分の英語力をトレーニングする場」だと割り切って，どんな些細なことでも英語にしてみよう！　という気持ちに生徒達をさせるためには，「正しい」，「間違っている」という部分はさて置いて，「とりあえず英語にしてみる」過程を大切にできるかが大切です。生徒達の「話したい！」という気持ちを大切にしながら，英語をなるべく嫌いにさせないアプローチが英語プレゼンテーション力向上の鍵になっていきます。

# 03

1年 聞く 読む 話す[やり取り] 話す[発表] 書く

## クイズ大会をしてみよう

◆ 文　法：疑問詞
◆ アプリ：Kahoot!

 30分

## ねらい

・クイズ大会を通して学習単元への興味関心を持つ。
・ゲームの要素を学習に取り入れ，複雑な問題や概念を扱う場面でも取り組みやすくし，継続した学習習慣につなげる。

### ◆「クイズ」を学習に利用する

　iPad を使うことで，クイズを学習に取り入れることが簡単に行えるようになります。テレビのクイズ番組を注意深く見ていくと，「知らない知識」について出演タレントに問うことで視聴者も一緒になって考え，参加することができる構成になっています。クイズは生徒達にとって，ゲーム感覚で知識の習得を促すことができるため，非常に効率的で効果的な学習方法のひとつであると言えます。今回は「クラスでクイズ大会を行う」方法について紹介していきます。

Step 1
教師がクイズを作って準備する

Step 2
教室で生徒がクイズにエントリーする
（10分）

Step 3
生徒がクイズに挑戦する
（20分）

# Step 1　教師がクイズを作って準備する

　クイズ大会をするために，最初に準備することは「クイズの作成」です。クイズを作成するのには Kahoot! というアプリケーションを使います。

　Kahoot! は「単語テストの練習問題やクイズを『生徒が』作る」の活動でも紹介しましたが，今回は細かいクイズ作成のステップについてご紹介します。まずは Kahoot! に必要事項（メールアドレスやパスワード）を登録し，アカウントを作成します。その際，学校から配布されているメールアドレスがあればそちらで登録をする方が，プライベートで使用しているメールアドレスに通知やメールなどが来ないのでおすすめです。Kahoot! には無料版と有料版の両方が存在しますが，**使用する頻度や用途によって無料版を使うか有料版を使う決めるのが良いと思います**。（私はずっと無料版を使っています！）

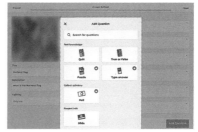

　アカウント作成が完了すると，自分が作ったクイズ（Kahoot! ではクイズのことを Kahoot と言います）や世界中の先生達が作ったクイズにアクセスできるページに移動します。クイズを作成する場合，"Create" のボタンをタップして必要な事項を入力していき，最初にタイトルページの作成をします。例えば，中学に入学したての1年生に向けて「動物の名前クイズ」を作る場合，Title の部分には "Animal names"，a cover image の部分にはなにか動物の写真を入れてクイズ全体の概要を決めます。概要が決まったら，Add Question でクイズの問題を作っていきます。作成するクイズの種類も「4択クイズ」「2択クイズ」「パズル」「記述式クイズ」などから選択して作成することができ，先生のニーズに合わせて様々な種類のクイズを用意できます。「4択クイズ」の作成を選択した場合，問題，選択肢（4つ），制限時間，この問題のイメージ画像を入力するページに移動しますので，1問ずつ入力していきます。

例えば"What is this animal?"と問題に入力した後，象の写真をイメージ画像として設定します。その後選択肢に"Monkey"，"Dog"，"Horse"，"Elephant"の4つを入力して，"Elephant"を正解に設定します。これで一問クイズの問題ができました。この作業を繰り返して数問〜数十問でひとつのクイズセットを作っていきます。

## 2 Step 教室で生徒がクイズにエントリーする (10分)

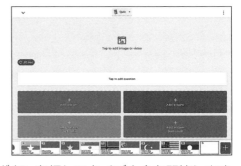

　クイズ大会をする当日までにクイズの作成を完了しておいて，iPadを教室に持っていきます。教室ではプロジェクターにiPadをつなぎKahoot!のアプリケーションを立ち上げましょう。"My Kahoots"の部分に作成したクイズがありますので，作ったクイズを選択し"Play"ボタンを押してクイズ大会を開始します。

　"Choose Game Mode"でクイズの実施方法を選択します。今回は教室で実施するので"Teach"を選びます。（それぞれの生徒達が自宅でクイズに取り組む場合は"Assign Challenge"を選びます。出題が自動でなされるため24時間いつでもどこでもクイズに挑戦できるモードです。）

　"Teach"を選択すると，個人で挑戦するか（Classic），チームで挑戦するか（Team mode）選ぶことができます。個人モード，チームモードどちらかを選択した後，6桁のGame PINが生成されます。生徒達はKahoot!のアプリケーションからこのGame PINと自分のNicknameを打ち込むことでクイズ大会に参加することができます。Nicknameについては事前に名前をクラス，氏名など指定しておくことがポイントです。（指定をしておかないと誰がどんな名前でエントリーしているかがわからなくなります。）

　クラスの全員がエントリーしたら，クイズをスタートします。

# 3 Step 生徒がクイズに挑戦する（20分）

生徒達は自分のiPadで答えを入力していきます。特に４択クイズなどは早押しの問題ですので，早く正確に解答できた方がもらえる得点が高くなります。クイズが始まると生徒達は盛り上がって立ち上がったりすることもありますので，**クイズが始まる前や途中に「スクリーンがよく見える位置に移動していいよ。」とアナウンスをしておく**と，スクリーンに映った問題が友達の頭に隠れて見えなかった！　という生徒が少なくなります。問題ごとに生徒の得点ランキング（順位）が変わっていく様子をみることができますので，生徒達はクイズの結果に一喜一憂します。

クイズの問題が全て終了すると，１位〜３位までの表彰が自動的に始まります。表彰された生徒に英語でインタビューをしてクイズ大会を終わります。

## ＋α クイズだけでなく，様々な学習を「ゲーム感覚」で進める

生徒達はクイズ大会を通して学びを深めていくと，そこには楽しかった体験だけではなく「あ，あの時のクイズ大会で出てきた単語だよな。」とか「あの時のクイズ大会では負けちゃったけど，次の回では勝てるように頑張ろう。」といった**学習に対する意欲も自然と湧いてくるようになります**。

このように学習にゲームの要素を取り入れることを，**ゲーミフィケーション（Gamification）**といい，ゲームの要素を教育にどう取り入れることができるか様々な分野で研究がなされています。具体的には他者と競い合うこと，他者と協力しながら物事を解決へ導くこと，言葉だけではわかりづらい

内容をバーチャルな物語を通して理解することなどが挙げられます。**学習にゲームの要素を取り入れることで，より生徒達の学習意欲が継続し，退屈になりがちな暗記の作業が楽しくなり，結果的に学習の定着度を上げることができるようになります。**

## 04

1年 | 聞く | 読む | 話す[やり取り] | 話す[発表] | 書く

# 自己紹介カードを作ろう
# —All About Me

◆ 文 法：be 動詞，一般動詞（三単現の s），疑問詞，語彙習得
◆ アプリ：Keynote

2時間

## ねらい

・自己紹介カード作成を通して「自分」について知り，語ることができるようになる。
・中学 1 年生の前半に出てくる学習事項の総合演習をする。
・英語プレゼンテーションの練習をする。

### ◤ 自己紹介カード作りを通して，自分について深く知る

　自己紹介カードを作ってみよう！　という取り組みは，生徒達に Keynote を使って「自分の好きなもの，興味あること」を紹介してもらうアクティビティです。（英語の授業のみならず，小学校の国語の授業や学活でも取り入れることができそうな汎用的な活動です。）プレゼンテーションなどの表現・発表活動の重要性が叫ばれている昨今ですが，今までは模造紙を使って発表していたようなものを iPad で行うことで，より効率的に魅力あるプレゼンテーションを作ることが可能です。

Step 1
自分の顔に似ているシルエットを準備する
（20分）

Step 2
好きなものの「図形」を選んで，自分らしくする
（50分）

Step 3
自己紹介カードを使いプレゼンテーションをする
（30分）

# 1 Step 自分の顔に似ているシルエットを準備する（20分）

　まず生徒達は iPad の Keynote を開きます。この自己紹介カードを作る
際のテンプレート（もとになるファイル）は，「iPad を活用して子ども達
の創造性を解き放つ！」でも記載した Apple　Teacher プログラムの
Apple　Teacher　Learning　Center（web サイト）内にあります。そちら
を使うとより生徒達が自己紹介カードを
作りやすいです。うまくダウンロードが
できない場合 Keynote から新規作成で
新しいプレゼンテーションを作成します。
Keynote を開いて，自分の横顔に近い
シルエットのスライドを 1 枚作って準備
しましょう。

# 2 Step 好きなものの「図形」を選んで，自分らしくする（50分）

　自分の横顔にそっくりなシルエットのスライドが 1 枚準備できたら，
Keynote の上の部分に表示されるツールバー，"＋"のボタンから「図形」
を選択し，自分の横顔シルエットまで指で「図形」を移動させます。この
「図形」は500種類以上用意されていて，動物，自然，食べ物，場所，活動な
ど様々なシーンの中から自分の好きなものを選択することができます。色や
大きさ，向きを変えたり，アニメーションを付けたりすることもできます。
　「図形」の中には複数のパーツが組み合わさってひとつの「図形」になっ
ているものもあります。そうした「図形」を分解するにはツールバーの 🖌
（フォーマット）ボタンの"配置"タブから"分割"を選び，分解した「図
形」を組み合わせて新しい「図形」を作ることもできます。
　横顔シルエットの中に趣味や自分の好きなこと，得意科目など，自分を表
現する図形を入れてスライドを自分らしくしていきます。
　この作業をしている間，生徒達の多くは黙々と「自分ってどんなものが好

きだろう？」「私の好きな動物の図形，あるかな？」と静かに自分と向き合いながら作業をしています。この時間がとても大切です。日本の学校現場はこうした「自分と向き合う時間」よりも「問題を解く時間」をどうしても優先せざるを得ない場面が多いですので，しっかりと時間をかけながら「自分って何だろう？」という部分を見つめていく作業を意識的に取るのが大切です。自分の長所や短所，好きなことなどが早い段階で認知できている生徒は，自分について「語る」ことができるようになっていきます。自分について「語る」ことができる生徒は，英語を学習すると「英語で語る」ことを自然と始めます。英語力を鍛えるのと同じくらい生徒達の人間力や自己表現力を伸ばしてあげることで，学習した英語を「楽しい」と感じる瞬間が生徒達の中で多く生まれてくるのではないでしょうか。

## 3 Step 自己紹介カードを使いプレゼンテーションをする (30分)

　自己紹介カードができあがったらそのカードを使って，クラスの前やグループで発表（プレゼンテーション）活動をします。

　プレゼンテーションをする際，気をつけたいのは「生徒達がやらさている感」にならないように楽しく（和気藹々と）進行していくことです。

　プレゼンテーションに初めて挑戦する生徒達には，いきなりクラスの前で行うよりも，4人くらいの小さなグループを組んでその中でプレゼンテーションを行うことが望ましいです。慣れていない生徒達がいきなりクラス全員の視線を感じながらプレゼンテーションをすることはかなりハードルが高いからです。逆に，プレゼンテーションに慣れてきた生徒達には積極的に大人数の前でプレゼンテーションができる機会を設けましょう。プレッシャーもかかってきますが，プレゼンテーションを無事成功した後の達成感や手応えは何物にも変え難い生徒達の貴重な体験となっていきます。

　プレゼンテーションの場では，自己紹介カードを聞き手の生徒に見せなが

ら，自分の好きなものや住んでいる地域のこと
などいろんなことを英語で伝えていきます。

　英語の授業でこの活動を行う場合，中学1年
の前半で行うのが良い理由として，
・like（好き），eat（食べる）…などの簡単な
　一般動詞の確認ができる
・簡単な英語の文章を組み立てる演習ができる
・発表者に対して質問があれば，疑問文を組み立てて（疑問詞を使って）そ
　れに応答する演習ができる
などの効果が期待できることが挙げられます。**教師が一方的に生徒のプレゼ**
**ンテーションについて評価をつけるだけでなく，生徒同士で評価し合う活動**
**（相互評価）を入れてもいいかもしれません。**

## ＋α　自立した学習者を育てる（海外の事例から考える）

　写真は私がニュージーランドの小学校を見学した時に見た自己紹介カード
作りです。ニュージーランドをはじめとするオセアニア地区は，ICT教育も
先進的に進められていて，日本とは教育の
体系が少し異なってきます。

　その小学校の3年生の学年目標が「アイ
デンティティを確立する」ということでし
た。1人1冊「My Growth Mindset」
（成長のために必要な意識）という冊子を
作り，それぞれの学習で学んだことについ

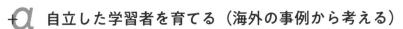

て自分達でまとめていました。オセアニアでは幼少期から子ども達に自主，
自立を促す教育に意識して取り組んでいることがわかります。こうした活動
を幼少期のうちから積み重ねることで，**自分が好きなこと，得意なことを少**
**しずつ整理して，自分が社会のどんな分野で活躍できるのか考えを深めるこ**
**とにつながっていきます。**

# 05

## セルフィービンゴで
## 夏休み中の体験を共有しよう

◆ 文　法：be 動詞，一般動詞（過去形，三単現の s），
　　　　　疑問詞
◆ アプリ：Keynote

**30分**

### ねらい

・夏休みに体験した出来事を自分なりの英語で表現する。
・三単現の s や過去形など，これから習う文法事項の導入や演習をする。
・アイスブレイクを通して夏休み明けの授業にスムーズに移行する。

### ◆ 新学期最初の授業にぴったりなセルフィー（自撮り）ビンゴ

　中学に入学して多くの変化や学習を 1 学期にしてきた生徒達。夏休みはそんな生徒達が一息ついたり，キャンプや旅行など家族との時間を大切にしたり，生徒によっては部活動に打ち込んだり。時間をかけてたくさんのことに取り組むことができる貴重な期間です。様々な経験をした生徒達が教室に戻ってきて最初の授業。教科書を進めることも大切ですが，ぜひ夏休みの出来事について友人達や私達教師とゆっくり話をする時間をもってみてください。そうした生徒の「話したい！」思いを引き出すためにセルフィー（自撮り）ビンゴは効果的なアクティビティです。

Step 1　Keynote を使ってビンゴシートを作る（15分）

Step 2　歩き回りながら友達と自撮りをする（10分）

Step 3　友達の思い出を紹介する（5分）

# 1 Step Keynote を使ってビンゴシートを作る（15分）

　夏休みなどの長期休み明けはどうしても大人も子どももリズムを戻しにくく，いきなり教科書から授業に入るのも生徒達への負担が大きくなんだか気が引けてしまいます。そんなとき，新学期最初の授業で iPad を使い楽しみながら徐々に学校生活や授業開始に体を慣らしていくのがオススメです！

　今回紹介するセルフィー（自撮り）ビンゴは，クラスの中で夏休み中に体験した様々なことについて英語で聞いて回り，ビンゴシートに記載してある体験を実際にした生徒と一緒に写真（セルフィー）を撮るというものです。

　セルフィービンゴを行う際，まず最初に行うのはビンゴシートの作成です。このビンゴシートは教師が準備してもいいですし，生徒達がオリジナルのものを作って持ち寄っても良いと思います。

　ビンゴシートは Keynote で作成します。①ビンゴシートに写真を配置できるようにプレースホルダを作る，②ビンゴシートに休みの体験について簡単な英語で書く，のふたつの準備をします。①では写真にあるような「カメラ」のようなイメージ（画像）をスライドに配置します。（ビンゴシートの大きさに合わせて画像のサイズを調整します。）その後，差し込んだ画像をタップして選択し，🖌（フォーマット）をタップしてから「イメージ」→「プレースホルダとして設定」を選択します。これで自撮りをした写真をビンゴシートに挿入することができるようになります。②では，先ほど作ったプレースホルダの下に「夏休みに行ったこと」を簡単な文章で書き入れていきます。（メニューバーの「テキスト」をタップすると文章を書けます）この時に，"go to supermarket" や "watch movies" など，多くの友達が休み中に体験していそうなものや，"swim in the pool""eat watermelons" など夏ならではの文章を書いておくと良いです。

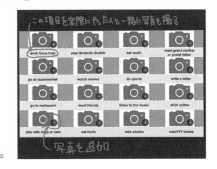

# 2 Step 歩き回りながら友達と自撮りをする (10分)

　ビンゴシートができたら，立って歩き回りながら友達と自撮りをしていきます。"What did you do...?" や "Where is...?" など事前に英語の質問を考えてからアクティビティに臨みます。生徒の実態に合わせながら穴埋め形式の質問シートなどを教師が作成しておき，それを生徒達に取り組んでもらってから動いていくとスムーズに進みます。

　質問シートに取り組んだ後，生徒達には，立ち上がって iPad を持ちながら歩き回ってもらいます。時間を10分ほど設けて友人達と英語で質問し合いながら（先ほど作成した質問シートを活用しましょう！）自分の iPad にあるビンゴシートの内容と同じ体験をした生徒と2人で自撮りをしていきます。

　例えば，生徒A：What did you do in summer? →生徒B：I eat watermelon! →生徒A：OK. Let's take a selfie! のようなやりとりです。

　中学1年生の夏休みですから，過去形をまだきちんと学習していない段階だと思います。**多少の時制の相違や言い回しのミスは気にせずに英語を使うことを楽しむ姿勢が大切です。**生徒達はアクティビティが始まるとそれぞれ

楽しそうに移動し撮影を始めます。撮影をする際は，iPad の内側（タッチパネル側）のカメラを使用しましょう。中には自分から友人に声を掛けるのが難しそうな生徒が見受けられたり，男子同士，女子同士で固まってしまうことがあります。活動している最中は**で**

**きる限り生徒達の様子を見守りながら，必要があれば声を掛けて生徒達がスムーズにコミュニケーションを図れるようにサポートしてみてください。**自撮りの写真が撮影できたら，ビンゴシートに写真を貼り付けます。時間が終了したら生徒を着席させ，撮影できた写真の枚数を数えます。一番自撮り写真が多い生徒や，ビンゴが多い生徒が優勝となります。

## 3 Step 友達の思い出を紹介する（5分）

　ビンゴが終了したら，友達の夏休みの思い出について短い時間で紹介をします。紹介の手法は Show and Tell と同じです。近くの友達とペアを組み，ジャンケンをして発表の順番を決めます。

　発表をする生徒は，iPad のビンゴシートをペアの生徒に見せながら，英語で一緒に自撮り写真を撮影した友達の体験を紹介します。**この際ポイントになるのは，動詞に「三単現（三人称・単数・現在形）のｓ」を付けることが可能だということです**。例えば，"I will introduce Yuta. He plays volley ball at the beach." というように過去形をまだ習っておらず，現在形を使って発表する場合，「三単現のｓ」について少し授業で触れた上で実施ができると使える表現の幅がより広がり有意義な発表活動になってきます。また先ほどのアクティビティで撮影した写真を発表し，見せ合うことで「あ，○○さんも海行ったんだ！　今度話してみようかなあ。」といった会話も生まれ，たくさんの友達の夏休みに体験したことを知ることができます。

## +α 長期休み明けこそ積極的に iPad を授業に取り入れてみる！

　今回のアクティビティのように長期休み明け，特に最初の授業こそ iPad を授業に取り入れて「iPad，こんな使い方も実はできるよ！」といったトリビアや iPad の使い方豆知識に焦点を当ててみてください。例えば，「iPad を使うとこんなことできるんだよ選手権」を開催して生徒達に「へえ〜○○くん，こんな iPad の使い方知ってるんだ，すごいなー！」と好奇心を刺激するのもいいかもしれません。こうして学んだ iPad を使うテクニック（tips）は忘れることがありませんので，こうした経験を少しずつ生徒達が積んでいくのは非常に重要です。

# 新入生のために
# 学校紹介ビデオを撮ろう

◆ 文　法：中学1年生のまとめ
◆ アプリ：Clips（Apple），iMovie

4時間

## ねらい

・中学1年生で学習した内容の総復習をする。
・ビデオの撮影を通して，計画を立てチームでひとつのことに取り組む
　力や達成感の獲得につなげる。
・「後輩ができる」という一大イベントと英語学習をつなげる。

## 学校紹介（スクールガイド）ビデオを作ろう！

　生徒達は，ビデオを撮影したり編集することが大好きです。現在，どんな携帯電話にでもカメラがついていることもあり，子ども達のなかで「写真」や「ビデオ」は大人の我々が考える以上に身近な存在であると思います。

　ビデオを活用した英語の授業の一例として，学校内や食堂のメニュー，学校行事などを紹介する「学校紹介（スクールガイド）ビデオを作ろう」といった内容がオススメです。中学2年生に進級する生徒達は，入学してくる新入生達に向けて学校を紹介するプロジェクトを通して英語のみならず様々なことを学びます。

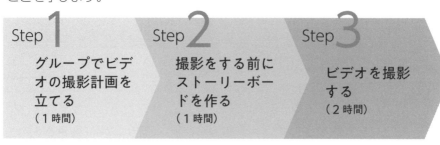

Step 1　グループでビデオの撮影計画を立てる（1時間）

Step 2　撮影をする前にストーリーボードを作る（1時間）

Step 3　ビデオを撮影する（2時間）

# 1 Step グループでビデオの撮影計画を立てる（1時間）

　中学１年生の学年末にビデオ撮影を行うことで，この時期の生徒達にとって大きなイベントである後輩ができるという部分にフォーカスした活動を行うことができるため，「新入生に学校の魅力を伝えたい！」という**先輩としての自覚をくすぐりながら英語の力を身につけていくことができる貴重な機会となります。**

　ビデオを撮影するのにオススメのアプリケーションは Clips です。Clips は誰でも簡単に楽しいビデオを作成できるだけでなく絵文字やステッカーなどの撮影したビデオへの貼り付け（キャラクターを自分の撮影したビデオに登場させたり！）や，ナレーション録音時に自動で字幕を付けてくれるライブタイトルキャプションなど，ビデオ作成に活用できる様々な機能が盛り込まれています。ビデオを撮影する前に４～５人組のグループを作りましょう。その際に，あらかじめ役割分担を決めておくと良いです。

【役割分担例】

・カメラマン（撮影／映像編集）
・脚本／監督（ストーリーの構築・撮影現場の指示／映像編集）
・大道具／小道具（衣装や装飾品の作成）
・俳優／女優／レポーター（映像に登場して演技する）…

　**生徒それぞれの得意分野・長所を活かせるように，様々な種類の役割分担を事前に準備しておくことがポイントです。**ストーリーや想像しながら話の筋書きを考えることは得意だけど，役になりきって演じるのが苦手な生徒は「脚本係」，反対に英語の文章を考えることは少し苦手だけど演技をするのが得意な生徒は「俳優／女優」など，それぞれの個性にあった役割があるとグループ活動がスムーズに進んでいきます。役割分担を決めた後は撮影するビデオの大まかなストーリーを決めます。様々な行事を紹介するビデオにするのか。レポーター役が学校の施設を紹介して回るのか。ニュースや CM 仕立てにするのかなど，グループのメンバーで様々な意見を出し合う時間を設

けてビデオのコンセプトを決定していきます。

# Step 2 撮影をする前にストーリーボードを作る（1時間）

　大まかなコンセプトを決めた後，脚本を考える段階で簡単なストーリーボード（絵コンテ）を作成するのがオススメです。ストーリーボードを作ることで，画面上にどんな映像が映されるのか，どんなセリフ（英語）が話されているのか，どのくらいの時間を要するのか，どんな効果音や BGM が使われているのかなど，撮影に必要な情報を可視化して整理することができるため，ビデオ撮影中のグループ全員の役割や動きをより明確にすることができます。インターネットでストーリーボードと検索すると，テンプレート（雛形）がたくさん出てきます。中には著作権フリー（無料）で使えるものもありますので，ダウンロードし参考にしても良いと思います。ストーリーボードには，登場するキャラクターの細かな設定や，俳優に対するセリフや表情など「こういうイメージで演じてほしい！」という部分を記載しておくと，スムーズに撮影できるだけでなく，視聴者がビデオを見た時によりわかりやすく感じるものを撮影することができます。私自身，絵コンテがまとまっている書籍を読むのが好きで，よくスタジオジブリの映画作品の絵コンテ集を買っては「このシーン，実はどういう設定なのかな？」というのを分析して夜な夜な空想を膨らませています。トトロがどんな気持ちで森で傘をさして立っていたのか。千尋は名前を湯婆婆から取られたときどんなことを考えていたのか。など映像をただ見ているだけではわからない物語の奥深さや，訴えたいメッセージをしっかりと映像で表現していくために，ストーリーボードを作っていく作業はものすごく重要になってきます。

# Step 3 ビデオを撮影する（2時間）

　脚本やストーリーボードを作り終えると生徒達はビデオの撮影を開始します。**撮影するのに人気のスポットはある程度限られるため，生徒同士で混雑してしまわないよう注意が必要です。**授業中のクラスの邪魔にならないように静かに移動することを徹底してから撮影に臨みましょう。同時にいくつかのグループが撮影することになります。近くで撮影しているグループの声や音が入らないように注意しながら撮影するのも大切です。撮影するのに三脚，ジンバル（手振れを防止する機材），100円ショップで買えるおもちゃのマイク（レポーターが紹介する用）などがあるとさらに良い映像が撮影できます。（教科（英語科）や学年の資材としていくつか準備してあると良いと思います。）撮影が終わったら編集をします。ビデオの編集には iMovie というアプリケーションを用いるのがオススメです。iMovie でビデオの長さを調整したり，あとからワイプ（画面の隅に別の画面を重ねること）やナレーションの音声を別録りしてビデオに加えることもできます。なかでもグリーンスクリーン（クロマキー合成）の機能を使うことで，様々な背景の映像を合成することができます。

## +α　試写会を開催してみよう

　作品を撮り終わったらクラスや学年集会などで試写会をしてみてください。生徒達にとっては**先生からのフィードバックをもらうこともももちろん嬉しいことですが，やっぱり同級生からの率直な意見が一番心に残ります。**ビデオに関するプロジェクトは生徒が取り組みやすいプロジェクトです。Apple が公開している『Everyone Can Create ビデオ』というブック（p.18参照）にも，iPad を用いた「ビデオ」の授業アイデアがたくさん載っています。こちらもぜひチェックしてみてください。

# 07

1年　聞く　読む　話す［やり取り］　話す［発表］　書く

# プログラミングを「英語で」学ぼう

◆ 文　法：命令文
◆ アプリ：Swift Playgrounds（Apple）

**ねらい**

・Swift Playgrounds「コードを学ぼう」を用いてプログラミングの基礎を学ぶ。

・Swift Playgrounds を使って英語でプログラミングをしてみる。

・個別最適化された学習環境を作る。

## ◆ プログラミング学習に取り組んでみよう！

　プログラミング学習というと，情報や数学の授業で扱うイメージがあり，特に英語が専門である先生方には「なんだか難しそうだな…」「小学校ではプログラミング学習が必修化されたし，私もちゃんと教えられるかな…」といったどちらかというと不安なイメージがあるのではないでしょうか。**実は，プログラミング学習自体は外国語学習との親和性が非常に高いです。**「外国語を学ぶ」という視点でプログラミング学習について紹介していきます。

　活動は2～3時間を目安に，セルフペースで行います。

Step 1

Swift Playgrounds「コードを学ぼう」
に取り組んでみる
（2～3 時間）

　巷で話題のプログラミング学習について少し触れていきたいと思います。コンピュータは私達人間の言葉が通じません。コンピュータと会話をしたり，コンピュータになにかの処理をお願いするときは「プログラム」というコンピュータが理解できる言葉や手順で話しかける必要があります。これを「プログラミング」と言います。例えば，一度も自転車に乗って漕いだことがない人に「とりあえず乗ってみてよ」と言うだけでは自転車に乗ることはできません。コンピュータは察したり想像したりする力がありませんので「自転車を漕ぐ」という動作を達成するためにはひとつひとつ動きを順番に説明，命令していく（＝プログラムする，コードを書く）必要が出てきます。

　ここまでお読みいただいたところで何かにお気付きいただけないでしょうか…？　プログラミングはプログラムという「外国語」を使ってコンピュータと会話をする（コミュニケーションをとる）作業です。つまり，プログラミング学習は外国語学習と同じようなプロセス（過程）で学習を進めることができるということが言えます。私も学生時代プログラミングを全く勉強したことがなく，最近になってようやく見様見真似で少しずつプログラミングについて学び，本当に簡単な（シンプルな）おみくじアプリケーションや，じゃんけんゲームなどを作ることができるようになりました。プログラミングを学べば学ぶほど，筋道を立てて自分で考えながら「新しい言葉」の使い方を習得する大切さを実感します。

## 1 Step Swift Playgrounds「コードを学ぼう」に取り組んでみる
（2 ～ 3 時間）

　特に小学生や，中学 1 ～ 2 年次におけるプログラミング学習の大事なポイントは，論理立てて考えて，その考えが正しく実行されるか。という部分にあります。小学生の児童や中学 1，2 年生達でも iPad で簡単に楽しくプログラミング学習が進められる Swift Playgrounds というアプリケーションを活用するとそうした論理的思考力を育むことが可能です。Swift Playgrounds の中に入っている「コードを学ぼう」というレッスンでは，

iPhone や iPad のアプリケーションを制作する際に，プロの開発者が実際に使っている "Swift" というプログラミング言語を学んでいきます。Byte というキャラクターをプログラムで操作しながら，宝石を取ったりスイッチを押したりする過程で Swift という言語の基本的な使い方を一通り学ぶことができます。この Swift というプログラミング言語の大きな特徴として，英語の文章を作るようにプログラミングを行うことができるという点が挙げられます。例えば，Byte に「前に進みなさい」という命令を出す場合，"moveForward()" という指示を出し，「右を向きなさい」は "turnRighrt()" という指示を出します。これらは Swift というプログラミング言語の一部分を紹介したものですが，なんだか英語の文章を作っているようですよね。生徒達に Swift Playgrounds でプログラミングの学習に取

り組んでもらうと「ちがうよ！　そこひとマス足りないよ！ムーブフォワード（moveForward()）だよ！」や，「そこターンレフト（turnLeft()）してよ！」などと，自然と教室に英語が飛び交うようになります。さらに少し高度なプログラミングになってくると，

「もしもAだったら…（という処理をする）」という条件によって処理を変えるものは IF…（もしも〜）など，様々な構文が登場します。英語の授業でそうした構文（今回の場合は if 節：もしも〜だったら）という内容を扱ったあと，Swift Playgrounds の「コードを学ぼう」に取り組ませることで，学習した if 節について学びをさらに深めていくことができます。

## ＋α 子ども達の学習進度や，興味関心に合わせた学習の個別化（パーソナライズな学び）

　もうひとつ，この Swift Playgrounds の特徴のひとつとして「学びが個別最適化（パーソナライズ）されている」という点が挙げられます。生徒達

は自分の学習進度に合わせて，つまずいた部分は解説を読みながら理解をしたり，各々のペースで学習を進めます。生徒達が疑問に思う部分やより深く学びたいという部分は千差万別です。Swift Playgrounds を使ったプログラミング学習は，生徒達のペースに合わせて進めることができ，間違った部分は丁寧な解説を読み段階的に理解することが可能です。個別最適化された学びというと，私は「子どものスイミングスクール」を思い浮かべます。スイミングスクールでは，泳いだことのない子から，クロールの練習をする子，長い距離を泳ぐ練習をする子など様々なレベルの子ども達が，それぞれの泳ぎのレベルに合わせたレッスンを受講しています。それぞれの子ども達に合ったレッスンを受け，少しずつ学びの階段を上がっていければ自然と様々な泳ぎができるようになっていきます。私は**ひとつの教室のなかで生徒達が様々な学びの体験ができるように授業作りを配慮していくことこそ，個別最適化された学びの場を構築していく第一歩**だと考えています。Swift Playgrounds では，iPad の

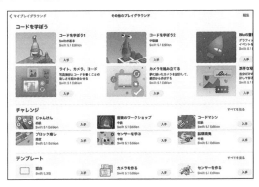

画面上でプログラムの基礎について学ぶことだけではなく，生徒達が書いたコードをロボットや楽器，ドローンに接続してそれらを動かしたり制御することができます。**生徒達がプログラミングを学習することは，その先に広がる生徒達それぞれの興味・関心といった部分をより強力にしていくことにつながります。**「私，ロボットを動かしてみたい！」「私はドローンを学校の周りに飛ばしてみたいな。」こうした生徒達一人一人の思いを大切にし，それぞれの学びを深めていく体験こそプログラミング学習の裏に隠されたひとつの重要なポイントなのかもしれません。

# 08

2年 聞く 読む 話す[やり取り] 話す[発表] 書く

## 教科書の文章を
## 4コママンガで要約しよう

◆ 文　法：過去形，過去進行形
◆ アプリ：Tayasui Sketches（Tayasui.com）

2時間

## ねらい

・学んだ文法事項を必要感をもって使う。
・相手に伝えたい情報をわかりやすくまとめてシンプルにデザインへ落とし込んでいく力をつける。
・素早く正確な文章理解へつなげる。

### ◆ 英語の授業に「スケッチ」の要素を取り入れる

　学年が上がるにつれてまとまった長い英語の文章を読む機会がだんだんと増えてきます。日本語であっても文章を読んで，理解していく作業は生徒達にとって大変な負担がかかる作業です。特に昨今では大学入試共通テストなどからも「大量の情報を，素早く正確に理解する力」を重要視する問題傾向が顕著であり，私達英語教師にはいかに「英語を嫌いにならず，長い文章を読んだり書いたりすることができる」ように生徒達を指導できるかが大きなポイントとなります。ここでは，英語の長文を4コママンガで要約しよう！という内容についてご紹介していきます。

Step 1
英語の長文を
読んで理解する
（25分）

Step 2
長文の内容を
4コママンガで
まとめる
（50分）

Step 3
内容について簡
単にプレゼンテ
ーションする
（25分）

# Step 1　英語の長文を読んで理解する （25分）

　どの教科書にも，長文といわれる少し長めの文章が単元（レッスン）のまとめ部分に掲載されていることが多いです。学校の授業では，そうした英語の長文について訳読（日本語に訳して読む）することで内容への理解を深めていく方法が一般的に多くの教室で行われている手法ですが，この方法ですとどうしても内容を理解するのに日本語に頼るしかないのが大きなデメリットです。**「スケッチ」の要素を長文読解に取り入れることで，文章をより直感的に理解していくことができます。**ご存知の通り，人間の脳には論理的な思考を司る「左脳」と，感覚や感情，直感など論理では説明できないひらめきや思いつきを司る「右脳」の２つの役割が存在します。一般的な訳読を用いた長文読解の手法は「左脳」のみに頼った文章理解の方法です。英語の長文を読み，日本語に訳し，長文の内容を理解していくステップは，英語で書かれている文章をわざわざ日本語に置き換えてから理解していくためどうしても文章を読むスピードが落ちてしまいます。

　昨今では大学入試共通テストや英語外部検定試験などでも見られるように「大量の文章を瞬時に理解し，自分の意見や考えを的確に伝える力」を問う問題が多くの試験で出題されるようになってきました。英語の文章を読み，その場面がどんな様子や風景であるのか。またどんな音が響き，どんな匂いがしているのかなど瞬時にイメージすることができるかがこうした問題を解く際には大きな鍵になります。

　例えば，私はJ.K.ローリングさん作の有名な『ハリーポッター』シリーズ（静山社）が大好きで，書籍が発刊されるたびにワクワクしながら１日か２日で一気に一冊を読み切るほどの大ファンでした。ハリーポッターシリーズで印象的なのは細かな美しい描写の数々です。箒にまたがって空を飛び，火を吐きながら向かってくるドラゴンと格闘しているシーンなど文章に書かれている状況を空想しながら，読者はハラハラドキドキしながら本の世界にどっぷり入り込んでいきます。こうした文章を読んでその場面を「空想す

る」ことは，文章の大切な部分をある程度きちんと理解していないとできません。英語の文章を「右脳」でイメージしながら，「左脳」で論理的に読み込むことができるようになると，より素早く正確に長文の内容について理解することが可能になっていきます。つまり「左脳」だけで英語の長文を読むのではなく，**「右脳」と「左脳」の両方を効果的に使っていきながら，英語の長文を読むことができる力を早い段階から身につけておく必要がある**ということです。

　私の授業では NEW　CROWN2（平成28年度版，三省堂）の中からピーターラビットの文章を「4コママンガ」でまとめました。

## 2 Step　長文の内容を4コママンガでまとめる（50分）

　ある程度文章の内容を理解できたところで「この話を4コママンガにしてみよう！」という活動を行います。4コママンガを描く際は自分が文章を読んで印象に残った部分を4つ（4コマ），iPad で絵を描くことができる Tayasui Sketches というアプリケーションを使ってマンガにしていきます。（Tayasui Sketches School という学校版もありますが，使用できるレイヤーの数など機能が若干異なります。）Apple Pencil などを使いながら iPad に絵を描いていくことで，**元の絵を写しながら描いたり（トレース），色々なペン先（水彩画，マーカー，色鉛筆など）を使ったり，様々な趣向や工夫を凝らすことができるようになります。**

　長文の内容を4コママンガでまとめることで，

・「起承転結」にみられるような，簡単な物語における文章構造理解につながる。

・膨大な情報量のなかから大切な場面を4つ切り取る必要が出てくるため，

文章を要約する力が身につく。

・絵に描くことで，なにより日本語を介さずに英語の文章を理解することになる。

といった効果が生まれます。４コママンガを作る「スケッチ」の要素が英語の授業に加わることで，英語が苦手な生徒達も楽しく英語の学習に取り組むことができるようになります。（絵があまり得意ではない生徒も楽しみながら取り組んでいるのが印象的でした。）

文章のなかのどの部分を選んで４コママンガを描いていくかは生徒達一人一人それぞれ違います。**どの場面が心に残ったのかという観点ひとつとっても，生徒達それぞれの個性が出てくるため，とてもユニークな作品が仕上がっていきます。**

## 3 Step 内容について簡単にプレゼンテーションする (25分)

４コママンガが完成したら，その絵を見せながらクラスの友人に文章のあらすじを英語でプレゼンテーションしたり，マンガを描く上で自分が工夫した部分を簡単に英語で紹介してみたり，長文の内容理解にとどまらず英語でアウトプットする活動にまでつなげてみましょう。

Apple が公開している『Everyone Can Create スケッチ』というブック（p.18参照）にも，iPad を用いた「スケッチ」の授業アイデアがたくさん載っていますのでこちらもぜひチェックしてみてください。

# 09 教科書の本文を レコーディングしてみよう

◆ 文　法：未来形（will, be going to）
◆ アプリ：GarageBand（Apple）

2時間

## ねらい

・正しい発音や読み方ができているか確認する。

・本文の重要な内容について推察したり，筆者の思いを汲み取る想像力を養う。

・BGM も合わせて録音することで，より豊かな表現活動に仕上げる。

## 英語力向上のため，「音読」することの重要性

　英語の文章を声に出して音読する活動は英語力の向上において大きな効果があります。「リピーティング」や「シャドーイング」といった様々な音読の手法について書籍やインターネット等でも紹介されていますが，今回は本文をただ音読するのではなく，NEW CROWN 2（平成28年度版，三省堂）に出てくる The Ogasawara Islands のセクションを音読したものに「あなたが考える小笠原諸島とそれをとりまく環境をイメージした BGM」をつけて録音レコーディングする。という活動を紹介していきます。

Step 1
教科書本文を音読し，録音する
（30分）

Step 2
朗読に合う BGM を録音する
（50分）

Step 3
録音した音源を書き出す
（20分）

# Step 1 教科書本文を音読し，録音する （30分）

　録音に使用する GarageBand は音楽を録音，編集，演奏ができる無料の Apple 製アプリケーションです。楽器を弾きたいなら弾くだけでもいいですし，録音することもできます。また録音した音源を作品としてリリースしたければ，音源ファイルとしてひとつの形にすることができます。この GarageBand は音楽だけではなく，ナレーションの録音などにも活用することができます。

　ナレーションの録音には GarageBand 内の Audio Recorder を使用します。Audio Recorder 内の録音ボタン●をタップし，iPad に向かってナレーションを吹き込むことでナレーションが録音されます。録音が完了したら停止ボタン■をタップして録音を停止します。（録音を聴くには再生ボタンをもう一度タップします。）

GarageBand

　今回の活動のポイントとして，ただなんとなく音読するのではなく小笠原諸島やそれをとりまく環境についてイメージをしながら音読をする。ということが挙げられます。生徒達は本文の内容を確認していく過程で「この部分は大切だから録音するときは大きな声で強調して読もう。」ですとか，「この部分は波の音を再現するように優しく読もう。」というような，これから音読をしていく上で工夫すべきポイントを探っていきます。

　BGM をつけたり，意識して音読に強弱をつけることで，よりこだわりをもって本文に向き合う生徒が増えていくのがこの活動の特徴です。読み方の間違いを確認し訂正することだけが目的ではなく，英語の文章に愛着や思いを込めながら生徒達に音読してもらうことが大切です。長文を読む作業ひとつとってもいかに生徒達に文章に没入してもらうか。どうしたらより丁寧に本文を音読してもらえるのか。模索していくことがこの活動の大切なポイントだと感じています。

# 2 Step 朗読に合う BGM を録音する（50分）

　ナレーションが録音できたら，今度は小笠原諸島をイメージした BGM を録音しましょう。GarageBand の中に入っている，Live Loops（ライブループス）というより簡単に作曲・録音ができる機能を使います。Live Loops とは GarageBand にあらかじめ収録された多種多様なトラック（ドラム，ギター，ベース，シンセなどのすべての楽器）を，自分で組み合わせて曲を制作する機能です。先ほど録音した教科書本文の音読の録音に Live Loops で BGM を加えて行きます。画面左上の楽器選択画面のボタン ▢▢ を押して画面上部に表示されている LiveLoops のボタンをタップします。たくさんの音楽ジャンルが出てきますが，小笠原諸島の BGM に最適なのは「Animal Kingdom（アニマルキングダム）」という様々な動物の鳴き声や，川のせせらぎ，木々が風に揺れる音などが収録されているサウンドパックです。Animal Kingdom はもともと入っているサウンドパックではないため，Sound Library からダウンロードする必要があります。Sound Library のボタンをタップして，トイボックス（トイボックスの中に Animal Kingdom が収録されています。）をダウンロードしましょう。Animal Kingdom を選択したら，Live Loops を録音する画面が表示されます。Live Loops 画面上にあるそれぞれの

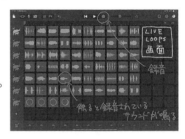

正方形の中に様々な音源が収録されています（この正方形のことをセルと呼びます）。このセルをタップすると演奏が始まっていきます。セルをひとつだけタップするとそのセルに収録されている音源のみが演奏されますが，セルを複数選ぶと同時に複数の音源が演奏されます。また画面下部にはトリガーと呼ばれる矢印があります。これをタップするとトリガーの上にあるセル全てが演奏されます。こうした機能を組み合わせて，まるで小笠原諸島にいるような「自然」のサウンドを BGM として録音していきます。録音の方

法は，本文の朗読を録音した際と同じです。録音ボタン●をタップし，演奏を始めます。録音が完了したら停止ボタン■をタップして録音を停止します。

## Step 3　録音した音源を書き出す（20分）

　BGMも含めて本文の録音が完了したら，音源に書き出して提出してもらいます。録音の書き出しには様々な方法がありますが，一番手軽に行えるのは画面収録です。iPadホーム画面の設定→コントロールセンターをタップし，画面収録のボタンを事前にコントロールセンターに追加しておきます。GarageBandの画面に戻ったらiPadの画面右上隅から下にスワイプするとコントロールセンターが出てきます。画面収録のボタン  をタップするとiPad上で再生される映像や音声が録音されます。先ほど録音した音声を再生しながら画面収録を行うことで，本文の録音を動画ファイル形式にして書き出すことができます。あとはこの動画ファイルを教師のiPadに，AirDropやスクールワークなどを介して送信してもらえれば提出は完了です。

　自分の声以外の余計な音が入ってしまうため録音の際はイヤホンを使うことが望ましいです。iPadを授業で活用し始めたばかりですと，授業中イヤホンを使っているのを見ているとなんだか注意したい気持ちに駆られてしまうことがあると思います。（遊んでるように見えてしまいますよね。）**生徒達はかなり真剣に録音していますので温かい目で録音の作業を見守ってみましょう。**

　今回録音に使用したGarageBandは，本格的に演奏や音源の録音ができるスグれもののアプリケーションです。最初は慣れるまで操作に戸惑ってしまう場面もあるかと思いますが，Appleが公開している『Everyone Can Create 音楽』というブック（p.18参照）にもたくさんのiPadを用いた「音楽（音楽の要素を各教科に活かす）」授業アイデアがたくさん載っていますのでこちらもチェックしてみてください。

# 学校行事での体験を「英語で」表現しよう

◆ 文　法：There is／are（was／were）〜など
◆ アプリ：Keynote, iMovie

4時間

## ねらい

・学校行事をテーマに授業を展開することで，学校行事で体験した教育
　効果をさらに高めることへつなげる。
・生徒達が作った作品を外部に出してみるなど，学校外からの他者から
　評価をもらうきっかけを作る。

## ◆ 感情が揺さぶられた体験を，アウトプットする

　体育祭や文化祭，校外学習や修学旅行など，学校行事を教室の学びに活用することはとても本質的で重要なアイデアです。学校行事には机の上では学ぶことのできない貴重な体験が詰まっています。こうした学校行事での体験を自分の授業に活かすことで，**学校行事で学んだことをより深く学び直すことができるだけではなく，体験したことをベースに英語の表現につなげることができます**。今回は学校行事で体験したことを「英語」で楽しみながら表現していく活動を紹介していきます。

Step 1
学校行事で
学んだことを
まとめる
（1.5時間）

Step 2
学校行事で
学んだことを
表現する
（1.5時間）

Step 3
学校行事で
学んだことを
発表する
（1時間）

# Step 1 学校行事で学んだことをまとめる（1.5時間）

　みなさんの学校にはどんな学校行事がありますか？　生徒達が主体で行う文化祭や体育祭だけではなく，校外学習や修学旅行など生徒達は学校行事を通して様々な体験をすることができます。私の勤務する学校では中学2年生の夏休みに「自分深め」という授業の一環で宿泊のキャンプ学習に行きますが，そのなかのプログラムのひとつに「魚を自分で捕まえて，捌き，食べることで，どこまでが生命でどこからが食べ物なのか，生命について考える」というものがあります。この体験は生徒達にとってかなり強烈なインパクトを残します。なかには大泣きする生徒が出てくるくらい，このプログラムを通じて生徒達は生命の大切さについて深く考えます。私も実際にこのプログラムを体験してみて，様々な生命の力を自然からいただきながら私達は生きているんだという自然との「つながり」を強く考えさせられました。

　この体験をもとに，2学期の授業を使ってこのキャンプで学んだことを英語でビデオにしてまとめよう。という授業を4時間ほど行いました。

　学校に戻ってからもう一度学校行事で体験したことについて考えることで，しっかりと振り返りをすることができます。特に英語の授業では，普段の英語の授業で学習した内容をこうした振り返りの際，うまく活用することができます。（例えば there is，there

are などを用いて訪問した場所の様子を紹介するといった活動です。）**私は，教師が英語で授業を進めることよりも生徒達が授業で英語を使って進めることの方が重要だと考えています**。生徒達に英語をたくさん使ってもらえるように，こうしたビデオを作ったりする活動の際には事前にマインドマップなどのメモやストーリーボードを作って考えをまとめたり，英語のナレーションの部分などは原稿をしっかり書いておくと自信を持って英語を使いながら

ビデオの撮影など作品作りを進めることができるようになります。

# 2 Step 学校行事で学んだことを表現する (1.5時間)

　学校行事について学んだり体験したことをアイデアとしてある程度まとめたりしたら，それらを成果物にしていきます。学校行事を行った際に撮影した写真やビデオを組み合わせたり，Clips や iMovie を使ってより魅力的な映像に仕上げたり，Keynote を使ってわかりやすいプレゼンテーションにまとめていきます。ビデオやプレゼンテーションを作る時間をなるべくたっぷり設けることで「こんな映像も必要かな？」といった生徒達の試行錯誤する時間が増え，より質の高い成果物を作ることができるようになります。成果物や英語で書いた原稿（ビデオ内のセリフや，プレゼンテーションで使用した英語の発表者ノートなど）を発表する前に AirDrop やスクールワーク（課題を iPad 上で生徒達に配布し，回収したり，課題の進捗状況を確認することで生徒一人一人に合わせた教え方ができる効果的な Apple 製アプリケーションです。）などを通じて教師に提出するのを忘れないようにしましょう。

# 3 Step 学校行事で学んだことを発表する (1時間)

　こうした活動を授業に取り入れると生徒がみんな楽しそうに個性的な作品を作って，提出してくれます。ここまで紹介してきたように，クラス内や数人でグループを組んでそのグループ内で発表すること以外にも，**そうした作品を学校外に紹介して外部からの評価を得るという方法もあります。**テーマに合う外部のコンテストがあれば生徒達に作品を応募してみたり，文化祭などで作品を展示・発表をしてコンテスト形式でお客さんに自分の好きな作品へ投票してもらう等が挙げられます。

　中には，作品を SNS でシェア（投稿前に写真や文章などしっかりチェックしましょう）して「いいね」や「作品へのコメント」をもらい，学校よりもっと大枠の社会的な評価を得ることができる生徒も出てきたりします。こ

のようにして，**楽しく，他者からの評価も得ながら，生徒達にとってよりリ
アルな意味のある学びを授業中に積み重
ねていくことがとても大切です。**私がこ
の活動を自身の授業で行ったとき，本校
の学校行事である「魚つかみ」のプログ
ラムを通じて，食物連鎖について考えた
ことや「いただきます」「ごちそうさま」
を言うことの大切さを表現し，Twitter

を使ってその体験を英語でシェアすることで，多くの海外の学生や先生方か
ら反響を得た生徒もおり，その生徒にとっても「英語を使って世界とつなが
ることができる」自信につながる経験をすることができました。

## ＋α STEAM

　日々の授業に少しだけ生徒のクリエイティビティを刺激するような活動が
入ってくると，生徒の学びはより立体的に変化してきます。

　教室での学びがより深いものに変われば，生徒の理解度や学習効果が飛躍
的に向上するのは当然のことです。そうした学びを構築するうえでもうひと
つキーワードとなるのは STEAM 教育です。

　聞き慣れない言葉かもしれませんが，STEAM は Science（科学），
Technology（技術），Engineering（工学），Art（芸術），Mathematics
（数学）のそれぞれの単語の頭文字をとったものです。STEAM 教育の細か
い歴史や生まれた背景などは割愛しますが，こうした**様々な教科の要素を複
合的に取り入れながら授業を組み立てることで，考える力を育み，将来どん
な社会でも生き抜いていける力がつく**といわれています。例えば，「社会科
で調べたことを英語でプレゼンテーションしてみる」や「身近な音楽の中に
数学や物理の法則を見つけてみる」など，違う教科の先生とコラボレーショ
ンしてひとつの授業を実施してみることなども広い意味での STEAM に値
するかもしれません。

2年　聞く　読む　話す〔やり取り〕　話す〔発表〕　書く

# PBL（プロジェクト型学習）を授業に取り入れてみよう

◆ 文　法：接続詞（that）など
◆ アプリ：Tayasui Sketches

3時間

## ねらい

・PBL（プロジェクト型学習）を取り入れて学習に主体的に参加し，さらに単元を深く理解する。
・創作活動を通して，自分のプレゼンテーションや成果物をより良いものにしていく気持ちを育む。

## ◆ PBL の始め方

　ここまでこの本を読み進めていただいて，普段の授業に変化を加えるヒントを少しでも発見できたでしょうか？　授業を新しいスタイルに変えることは勇気と決断，そしてエネルギーが必要な作業です。教科書を開いて，音読して，新しい単語の発音をして，問題集を解いて…となんだかんだいつも通りの教師からの一方通行授業を続けていしまいがちですよね。今回は普段の講義型の授業にプラスすると効果的なアクティビティ（プロジェクト型学習）の作り方をご紹介します。

Step 1
教科書を読み「環境あいうえお作文」を考える（0.5時間）

Step 2
「環境あいうえお作文」から1枚のイメージを描く（2時間）

Step 3
「環境あいうえお作文」についてプレゼンテーションする（0.5時間）

　生徒達が主体的に参加できる授業アイデアとして PBL（プロジェクト型学習）が挙げられます。プロジェクトとは一斉授業で学習した内容や，単元のポイントを活用して，生徒達によりその既習事項を深く理解してもらうためにグループや個人で調べ学習をしたり創作発表活動を行ったりすることを指します。（教科書の内容を学習し終わったあとの「発展的な学習」というイメージでしょうか。）また，学校によっては「探究学習」などの言い方でこうしたプロジェクトを実施することも多いと思います。

　一般的な英語の教科書は，本文，新出単語，リスニング問題など英語を「聞く」「読む」「話す」「書く」の４技能についてバランスよく授業を組み立てられるような作りになっています。中学２年生の英語の教科書 NEW CROWN2（平成28年度版，三省堂）から「The Ogawawara Island（小笠原諸島の生態から自然保護について考える）」（習得すべき文法事項は "接続詞 that"）の単元を例に考えてみます。

　プロジェクトを組むにあたっては教科書の本文を一通り授業で扱った後，**教科書の端の方に記載されている「コラム」や「ひとくちメモ」的な部分を使って授業を組み立ててみるのが最初のうちはやりやすいと思います。**今回の単元で教科書にコラムとして掲載されていた部分には，「環境問題についての様々な言葉」がイラスト付きで紹介されていました。この部分を使って様々なプロジェクトを考え，組んでいきます。

## 1 Step 教科書を読み「環境あいうえお作文」を考える （0.5時間）

　私の授業ではこの単元で環境問題について調べてプレゼンテーションを行ってもらいました。環境問題について調べて発表する活動は中学生であれば，既に社会科の授業でも行っているはずなので，これだけではおもしろくありません。PBL を進めていく上で大切になってくるのは，**こうした活動に少しアレンジやオリジナリティを加えていくことです。**私はこのプレゼンテーションを EARTH の５文字を頭文字にした「あいうえお作文」にして，紹介したい環境問題についてまとめて発表する。というアレンジを加えました。

## Step 2 「環境あいうえお作文」から1枚のイメージを描く（2時間）

「環境あいうえお作文」ができたら，これをもとに1枚の絵をiPadで描いていきます。（写真は私が作ったサンプルです。絵を描く際はTayasui Sketchesを用いるのが良いでしょう。）生徒達の楽しみながら「環境あいうえお作文」を考えたり，「環境あいうえお作文」をイメージした1枚の絵を黙々と仕上げたりしている様子がとても印象的でした。

## Step 3 「環境あいうえお作文」についてプレゼンテーションする（0.5時間）

この絵1枚を見せながら，事前に自分で書いた英語の原稿を読んでプレゼンテーションしていきます。英語が苦手な生徒達には，今回の単元で扱った文法事項を使ってこんな文章が書けるよ。といったワークシートを作っておくと活動がよりスムーズになるかもしれません。写真のワークシートにあるように今回の内容（接続詞that）だけでなく，前回の内容（助動詞should，mustなど）をさりげなく入れておくと復習にもつながります。

基本的に生徒達は創作活動（今回は絵を描いたり，環境あいうえお作文についてアイデアを出したりして形にすること）が大好きなので，作り始めるとどんどんこだわりはじめ，最終的には自分で作ったプレゼンテーションにものすごく愛着が湧くようになります。この愛着や思い入れの部分が最も大切で，愛着や思い入れといった気持ちを育んでいくと，どの生徒達も**自分の手で時間をかけて作ったプレゼンテーションを大切に相手に伝えたいという気持ちが芽生えるようにな**

ります。「このプレゼンテーションではどんな英語（単語やフレーズ）を使ったらより相手にわかりやすく伝えられるんだろうか。」といった部分を工夫して考え出し，丁寧に何かを作る作業が，結果的には英語を使ってしっかりと表現する活動につながってくるのです。

## +α CBL（チャレンジ・ベース・ラーニング）

　こうした活動の発展系として CBL（チャレンジ・ベース・ラーニング）というアクティビティがあります。PBL との違いは，教科書の内容等をもとに教師主体でプロジェクトを組むのではなく，実社会や子ども達の身の回りに起きている諸問題について子ども達自身が提案し，考え，解決に導くような活動であるということです。

　写真は，CBL のコンセプトを表した図です。① ENGAGE（子ども達の興味関心を惹きつけるような魅力的なチャレンジや社会的な課題について知る）→② INVESTIGATE（その課題について調べたり，分析をする）→③ ACT（課題の解決に向けて具体的に行動する）というステップを踏んでいくことが描かれています。イメージとしては，部活動で大会に出る際どうやったら相手のチームに勝てるのか，どんな練習が必要なのか生徒達自身が考えてそのプランを実行するプロセスに近いと思います。CBL の例のひとつとして，私の友人である社会科の先生が「自分達で企画したイベントを通じて，5000枚の古着の子ども服を集め，それらを難民キャンプに届ける」という授業を展開されていました。授業に CBL の要素をうまく取り入れること，また iPad を使って様々な枠や壁を超えていくことで，国際社会の課題に対し実践的にアプローチする力を身に付けることができるようになります。

〈参考〉『Challenge Based Learning Guid』Mark H. Nichols ほか（http://books.apple.com/au/book/challenged-based-learning-guide/id1145036840）

# 12 歴史上の人物を紹介する 偉人チラシを作ろう

2年 聞く 読む 話す[やり取り] 話す[発表] 書く

◆ 文　法：過去形
◆ アプリ：Pages

3時間

## ねらい

・学んだ文法事項（過去形）を必要感をもって使う。
・情報をわかりやすくまとめシンプルにデザインへ落とし込む力をつける。
・英語だけではなく，他教科（今回は歴史）の単元理解にもつなげる。

## ◆ 教科を横断する学びと深い問い

　いま，教科を越えた学びが注目を集めています。様々な教科の教師同士が支え合いながらひとつの授業を進めていくことで，様々な教育的効果を生み出すことが可能です。**中学1年生の後半～中学2年生にかけて扱う過去形は，とりわけ歴史との相性がとても良い文法事項です。**今回は自分の好きな歴史上の偉人について調べ，情報を精選してオリジナルのチラシを作成・発表します。

　iPad の使用に慣れていない場合，チラシの作成の時間に余裕をもたせてよいと思います。大切なのは単に英語の過去形を使うことだけを目的にせず，**より深い「問い」について生徒達が考える仕掛けを用意しておくことです。**この一工夫で生徒達が作る成果物のクオリティが飛躍的に向上します。

Step 1 偉人について調べる（1時間）

Step 2 チラシを作成する（1時間）

Step 3 チラシのプレゼンテーションをする（1時間）

# Step1 偉人について調べる（1時間）

　はじめの1時間では偉人について歴史の教科書や図書館資料で調べます。このときに iPad やインターネットも積極的に利用させるなど，生徒達が使用するツールにある程度自由度をもたせながら調べ学習を進めてみましょう。

　情報収集に入る前に，教師は生徒達が**クリエイティブに考えられるためのより深い「問い」**を提示しておきます。

　例えば今回のチラシ作りにおけるポイント（問い）は，

・ネットで検索しても出てこない情報を盛り込むこと

・歴史上の人物が成し遂げた偉業は，SDGs（国連が提唱する世界を変革するための17の目標）のどれに当てはまるのかを考えること

のふたつです。

　**ネットで検索しても出てもない情報**については，調べている歴史上の偉人

が「好きな食べ物」や「ユニークな趣味」，「偉人にまつわる面白いエピソード」など，Step3で発表した際に友達から「へぇ〜」と感心されるようなエピソードを盛り込んでもらうのが良いと思います。

　**歴史上の人物が成し遂げた偉業は，SDGs のどれに当てはまるのかを考**

**える**については，「歴史上の偉人がもし今生きていたら…」という視点をもって SDGs のどの分野で偉業を達成したのか考えていけるとユニークな作品作りにつながっていきます。

　今回活動のメインとしたいのは Step2なので，もちろん調べ学習が終わった生徒から適宜チラシの作成に入っていきます。クラスによっては30分ほどで全ての生徒がチラシ作成に向かっていくこともあります。

# Step 2 チラシを作成する（1時間）

　今回作成するのは英語の長い文章ではなく「チラシ」です。

　毎朝の朝刊に折り込み広告として挟まれているチラシには，そのチラシを読んで商品を購入してもらうための様々な工夫がなされています。

　今回は歴史上の偉人についてダラダラ英語で文章を書いて説明していくのではなく，その人が達成した偉業などをチラシにしていくことで，相手に伝えたい情報をわかりやすくまとめてシンプルにデザインへ落とし込んでいく力を身に着けることへつなげていきます。

　こうしたデザインをしていく力は，英語の文章を読んで大事な部分を要約する力へと派生していき，長文読解のスピードや正確性を上げていくために欠かせないスキルの習得に大きく影響していきます。

　チラシの作成に使用するのは Pages です。Pages は文書やポスターを作成する Apple 製文書作成アプリケーションで，Keynote などと同じように iPad にもともとインストールされている Apple 製アプリケーションのひとつです。

Pages

　Pages では作成した書類のなかにビデオを入れることができたり，もともと美しい何種類もの文書テンプレート（雛形）が内蔵されていて，Pages を初めて使う生徒でも簡単にキレイなチラシやポスターを作ったりできます。

　チラシを制作していく過程で「ネットで検索しても出てこない情報」を探すために，歴史の先生のところに向かう生徒も出てきます。

　教科横断をはじめると，他教科の授業も自分の授業も関係なく，より専門的に授業が展開でき，多くの人達が関わり合うことで得られる知識が豊富に生まれてくることが大きなメリットではないでしょうか。作業をしていくなかでどうしてもやり方に苦戦している生徒や，どの偉人を紹介していくか決めかねている生徒には，参考書にもよくエピソードが出てくるかなり有名な武将（織田信長や徳川家康など）を提案してあげると，イメージが湧いてき

て，比較的スムーズにチラシ作りが進んでいくと思います。

英語が苦手な生徒達でも他教科のエッセンスが加わると，授業に楽しみながら参加ができる切り口が増え，前向きに取り組む生徒が増えていくのが教科を横断した取り組みの特徴でもあります。

## Step **3 チラシのプレゼンテーションをする**（1時間）

チラシ作りが終わったら，発表（プレゼンテーション）をしていくために，チラシについて紹介する原稿を英語で書いていきます。**その際，原稿にはターゲット・ランゲージ（今回は過去形）を必ず何箇所か使って文書を書くこ**

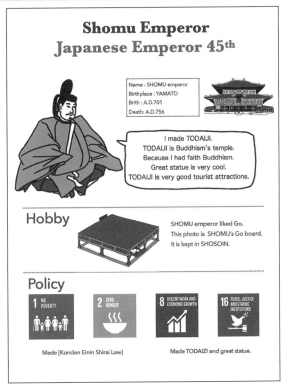

**とという指示を忘れずに生徒達へ出しておきましょう。**

プレゼンテーションは，4人組のグループを作ってその中でひとりずつ発表していく方法や，ペアを変えながら違う人達と代わる代わるプレゼンテーションを行っていく方法など様々あります。今回はペアを変えながらの方法の実践でしたが，生徒達は和気藹々と発表に取り組んでいました。生徒達の実態やタイミングに合わせ手法を選んでいくのが良いと思います。

# 13

2年 　聞く　読む　話す[やり取り]　話す[発表]　書く

## テーマソングを作ろう

◆ 文　法：動名詞
◆ アプリ：GarageBand

2時間

### ねらい

・音楽を作る（作曲をする）過程を通して，単元の学習をより深いもの
　にする。
・作曲した音楽を友達同士で聴き合ったり，その音源を他の活動で制作
　したビデオのテーマソングなどに使えるようにする。

## ◆ ○○のテーマソングを作ろう！

　iPad を使った創作活動の中でも特に「音楽を作る」活動は生徒達のそれ
ぞれの個性が存分に発揮される活動だと感じています。現在，YouTube や
Apple Music などのサブスクリプションサービスの普及もあり，多くのジ
ャンルの音楽を手軽に楽しむことができるようになりました。生徒達も大好
きな音楽の要素を様々な教科の学習に活かすことによって，思いもよらない
発見をすることがあります。今回は○○のテーマソングを作ろう！　という
テーマで曲を作ってみるという活動を紹介していきます。

Step 1
何のテーマで曲
を作るか決める
（0.5時間）

Step 2
テーマソングを
作る
（1時間）

Step 3
作ったテーマソ
ングを鑑賞し合う
（0.5時間）

# Step 1　何のテーマで曲を作るか決める（0.5時間）

　私達が生活しているこの世界には音楽が溢れています。動物達の鳴き声，SF映画のBGM，小川のせせらぎ，スピーカーから流れる大好きなアーティストのサウンドトラック。有名なアーティストが作ったものや，市販されているCD音源だけが音楽というわけではなく，身の回りで聞こえてくる様々な音やメロディーを音楽として捉えられると，「音楽」の要素を加えたクリエィティブな活動が組み立てやすくなります。

　例えば，小学2年生の「かけざん」を学習する時期には，単調でつまらなくなりがちな九九の暗記を思い切って「かけざん九九のテーマソング」を子ども達に作ってもらい楽しみながら九九の定着を図ったり，歴史の授業では「織田信長が出陣するときに流したいBGM」，理科では「元素記号のうた」，数学では「三平方の定理のテーマソング」を作ってみることなど，様々な教科で音楽の要素を授業に取り入れることができます。音楽を作る活動を授業に取り入れることで，「かけざん九九に合うリズムはどんなものがあるだろう。」や，「織田信長はどんな格好をして戦に出陣しただろう。」といった**それぞれの教科について探究的に学習を深めていくきっかけにつながっていきます**。また，学活やクラス（学年）運営など教科学習以外の面でも音楽の要素を取り入れることが可能です。例えば「昼休みに流すラジオ番組」を子ども達と計画したり，修学旅行で出かけた場所の紹介ビデオ用にBGMを作るなど，もしかしたら授業よりも先に学活で音楽を作ってみると感じがつかめて良いかもしれません。**英語の授業では「学習した英語の物語に合うテーマソングやBGM」を作ってみたり，「英文法を紹介する歌」なんかを作ってみるとおもしろいと思います**。（英語で作った曲を紹介する際は，動名詞の表現をうまく使えると（この曲は〜することを表していますなど）良いです。）

##  Step 2 テーマソングを作る（1時間）

　何のテーマで曲を作るか決めたら GarageBand を使ってテーマソングを作ってみましょう。GarageBand を使った曲作りの方法は無限にありますがいくつかオススメの方法を紹介します。

### ① DRUMMER 機能を使ってドラムビートを作る

　GarageBand には DRUMMER という機能があり，GarageBand の中の様々な個性豊かなドラマーが自動でドラムを叩いてくれます。自分のイメージに合ったドラマーを選択し，ドラムを叩くパターンや音量など数タップで選ぶと選んだドラマーが素敵なドラムを叩いてくれます。

### ② AUDIO RECORDER で歌を録音する

　歌を歌うのが得意な生徒は，先ほど作ったドラムビートのリズムに合わせて AUDIO RECORDER で自分の歌を録音してみましょう。AUDIO RECORDER には様々な種類の録音マイクが内蔵されているほか，録音した自分の声をロボット風に変えたり，動物や怪獣の鳴き声のように変えたりするフィルターを使うこともできます。

### ③ギターやピアノ，バイオリンなどの楽器に触ってみる

　GarageBand にはギターやピアノ，バイオリンなどの楽器が内蔵されており，自由に演奏することができます。（Sound Library からダウンロードすれば琵琶や琴といった世界各国の民族楽器を演奏することもできます。）一音一音選びながら演奏していくこともできますが，Auto Play を選択すると自動で好きなパターンを演奏してくれます。

### ④ Live Loops 機能を用いる

　楽器を演奏したことがなかったり，ここまでの内容が難しいと感じたりしたら Live Loops での曲作りをオススメします！　Live Loops とは，GarageBand にあらかじめ収録された多種多様なトラック（ドラム，ギタ

—など全ての楽器）を自分で組み合わせて曲を制作する機能です。楽器を選択する画面上部にある Live Loops のボタンを押すと Live Loops 画面が開きます。Live Loops では様々な音楽ジャンルから使うものを選ぶことができ，それぞれのジャンルに内蔵されている様々な Loops（録音済トラック）をポチポチ押しながらオリジナルの曲を手軽に制作することが可能です。

## 3 Step 作ったテーマソングを鑑賞し合う (0.5時間)

　テーマソングが完成したら，音源化をして曲を聴ける状態にします。作ったテーマソングは GarageBand 特有のファイルとして iPad に保存されています。GarageBand のファイルを他の人に送信して，GarageBand で開いて聴いてもらうことも一応可能ですが，当然ながら GarageBand がインストールされていない iPad や iPhone では聴けませんし，また，GarageBand で開いてもらったとしても誰でも編集可能な状態で渡すことになり，テーマソングを他人が編集・改変できてしまう危険性があります。そこで編集できない状態で，かつ誰でも聴けるように，テー

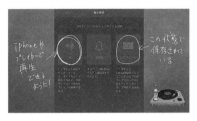

マソングを m4a や aiff や wav ファイルなどといった汎用的な音楽ファイルに書き出す必要が出てきます（これが音源化です）。GarageBand で制作しているテーマソングから，共有のボタンを押し，「曲」として書き出しをすると，作ったテーマソングを iPad 上に保存することができます。音源化したテーマソングを友達同士で AirDrop で送信してお互いに聴き合ったり，自分が作ったテーマソングをミュージックアプリケーションに取り込んで普段聴いているプレイリストに追加することなどもできます。自分が普段聴くアーティストもしくはアルバムのそばに，自分の名前やテーマソングが入っているととても感動します。ぜひ作ったテーマソングを多くの人達に共有して聴いてもらってください！

〈参考〉ガレバン Rocks（りーほー）(https://garageband-rocks.com/)

# 14 テーマ「時空を超える」で短編映画を撮影しよう

2年 〔聞く〕〔読む〕〔話す[やり取り]〕〔話す[発表]〕〔書く〕

◆ 文　法：時制（過去形，現在進行形，未来形）
◆ アプリ：Clips, iMovie, Flipgrid（Flipgrid）

4時間

## ねらい

・「時空を超える」というテーマで短編映画を撮影することを通して未来形や過去形などの時制への理解を深める。
・映画祭などの短編映画の上映会を生徒達と企画・開催することで机の上で学習する以上の体験をする。

## ◀ 学習した時制の知識を活かして，短編映画を撮影してみる

　中学2年生の中盤に入ると過去形や現在進行形，そして未来形といった英語の時制について，その概念の基本知識を習得します。特に未来や過去については TV ドラマや映画などで様々な作品が上映されているなど，これまでもたくさんの人達が映像を作成している大きなテーマのうちのひとつです。「もしも自分がタイムトラベルやタイムスリップをしたら…」という空想をしながら短編映画を作っていくことを通して，学習した時制についてさらに理解を深めていきたいと思います。

Step **1**
どんな短編映画を撮影するか構想を練る
（0.5時間）

Step **2**
短編映画の撮影をする
（2.5時間）

Step **3**
短編映画の上映会を開く
（1時間）

# Step 1 どんな短編映画を撮影するか構想を練る (0.5時間)

中学１年生向けの活動，「新入生のために学校紹介ビデオを撮ろう」の活動でも映像撮影の手順について紹介していますが，まずはグループ（４〜６人程度）を組んで，撮影する短編映画の内容についてストーリーボードを作成しながらアイデアを出し合っていきます。授業の冒頭，生徒達に対して「時空を超える」という内容で短編映画を撮影しよう！　と活動について簡単に伝えた後，タイムトラベル（タイムマシンのような機械に乗って時空を旅する）を撮影のテーマとして選んでいきます。この段階から生徒達は「未来に行って，それぞれのお嫁さんを見てみる映画を作ってみよう！」や，「大会で失敗してしまったあの演技。過去に戻ってもう一度挑戦して成功させてみたいわ。」といった声を発しはじめます。提出する短編映画についての評価観点についても最初に生徒へ示しておくのが望ましいです。私がこの活動を行った際は，**使用している英語はどうか（過去や未来などの時制が映像内で適切に使われているか），短編映画のクオリティやおもしろさ（作品自体の興味深さ）はどうか，作成した短編映画を通して何を（どんなメッセージを）伝えたいのかという３つの観点**を提示しました。こうした評価観点をあらかじめ考えておくことで，生徒達から提出された映像の採点もスムーズにできますし，採点したものを使って平常点（授業の取り組み点）など学期末に成績を出す際，加点することができるようになります。

# Step 2 短編映画の撮影をする (2.5時間)

過去や未来に旅をする映像を撮影する際，欠かせないのが**「グリーンスクリーン エフェクト（緑色の背景を使ったクロマキー合成）」**です。撮影をする際，緑色の背景の前に立ち演技をすることで，緑色の部分を様々な背景と合成して変えることができます。例えば，友達が緑の背景の前で踊っているのを iPad で撮影し，そのビデオをハワイの海岸の写真やクリップに重ねると，その友達がハワイの海岸で踊っているように見えるようになります。こ

うしたグリーンスクリーン エフェクトは，iMovie の編集で簡単に行うことができます。江戸時代にタイムスリップした映像を撮る場合，著作権などに気をつけながら江戸時代の写真をインターネットなどで探して，緑色の背景の前で撮影した映像と合成してみたり。未来の自分に出会う映像を撮る際に，未来の街や大人になった自分を合成してみたり。映像に表現の幅が広がっていきます。なお緑の服を着て緑の背景の前で演技をしてしまうと，着ている服が背景と同化してしまい不自然な映像になってしまうので注意が必要です。

　また，より美しい映像を撮影するため iPad 以外に iPhone などのスマートフォンをジンバルという装置で固定したビデオカメラを用いることもオススメです。ジンバルとはビデオを撮影している際，内臓されているジャイロ

センサーが傾きを感知しモーターを使って手ぶれを補正してくれる機材のことです。ジンバルを使うと外部からの軽い衝撃や回転の影響を受けずに映像を撮影することができるため，まるでプロが撮影したような安定した（滑らかな）映像を撮影することができるようになります。

　当然**セリフは英語で撮影をしていきます**。生徒達は英語のセリフ原稿を撮影と並行して準備していく必要があります。できあがった映像を提出する時にはこうした英語のセリフ原稿も合わせて回収しておくと，学期末に活動を評価していく際どんな英語を使っているのか確認ができるので非常に効率的です。英語の先生以外にも作品を見てもらう機会がありそうであれば，日本語の字幕も入れておくことを指示しておくのが良いでしょう。（字幕もiMovie を使って簡単に入れることができます。）

## 3 Step 短編映画の上映会を開く（1時間）

　生徒達の短編映画が完成したら，上映会を開いてみましょう。クラス内で作った短編映画を１本ずつ上映するのも良いですが，生徒会や学級委員長と一緒に計画をして**「映画祭」を開催するのがオススメです。**私の学校で映画祭を企画した際は短編映画部門（総合），短編ドキュメンタリー部門，短編アニメーション部門の３カテゴリーでそれぞれ最優秀賞を決める大会を開きました。当日の司会や運営などは生徒会にお願いをし，大きめの会場（大画面で映画が上映できそうなホールや体育館）を借り，たくさんの生徒や教員が一堂に会せるような日程を設定します。（本校では学活の時間を１時間使い100名ほどの人数を集めました）できれば，**映画祭の審査員を学校外の大人（映像制作に携わっている方や英語の指導がある程度できそうな方が望ましいです）にお願いできると偏りがない視点で作品の内容や，作品に使われている英語に対して，生徒達はよりリアルな評価を得ることができます。**学校関係者ではない大人から自分の作った作品について評価されると生徒達はとても嬉しい気持ちになったり，指摘された部分をこんな風に改善してみようかなと映像作りを通して自身の学びを深めることができます。**短編映画を英語で作るもうひとつの利点として，海外にも作品を公開することができるという点があります。**例えば，Flipgrid（フリップグリッド）というアプリケーションを使って世界中の学校や教室，先生方とつながり，それぞれの学校で作った短編映画を Flipgrid で共有してお互いの映像を視聴し，「いいね！」や評価コメントなどメッセージのやり取りを行うことができます。映像作成を通した国際交流を深めていくともしかしたら近い将来，海外の学生と自分のクラスで受け持っている生徒達が合同で同じ映画を作っているなんてことも起こるかもしれませんね。

# 15

2年　聞く　読む　話す[やり取り]　話す[発表]　書く

## 社会問題を解決するアプリケーションを開発しよう

◆ 文　法：不定詞
◆ アプリ：Keynote

4時間

**ねらい**

・アプリケーションモデルを作る過程を通して様々な社会問題について
　知り，それらを解決する方法を考える。
・学習した不定詞などを用いながら，英語で自分の作ったアプリケーシ
　ョンモデルについて強い思いを持って紹介をする。

### ◆ 身近な問題を解決するようなアプリケーションを考える

　「歴史上の人物を紹介する偉人チラシを作ろう」の活動でも取り上げた
SDGsは，2015年9月の国連サミットで採択されたもので国連加盟193か国
が2016年から2030年の15年間で達成するために掲げた持続可能な開発目標で
す。これからの社会を生き抜く子ども達にとって，身近に溢れる様々な問題
について知り，解決策を考えていくことはとても大切なアプローチであると
いえます。そうした問題について，スマートフォンで使えるようなアプリケ
ーションのモデル作りを通して考えていきます。

Step 1
身近な社会問題
について調べる
（1時間）

Step 2
アプリケーション
のモデルを作る
（2.5時間）

Step 3
作ったアプリケ
ーションについて
紹介・説明する
（0.5時間）

<br>

# 1Step 身近な社会問題について調べる（1時間）

　まずは，生徒達に自分が解決したいと考える身近な社会問題について調べてそれをまとめてもらいます。私達の身の回りには様々な社会問題が転がっており，なかには地球温暖化やマイクロプラスチック汚染など世界的に大きな問題となり解決が急がれるものもたくさん存在しています。こうした問題の解決策のひとつとして，モバイルアプリケーションを開発する動きが全世界で広がっています。例えば，レバノンにあるベイルートという都市では政治的な理由で毎日何時間もの停電が発生し，たくさんの住民が停電の影響を受けています。ベイルートに住むある男性は，停電が発生するタイミングがわかれば人々の生活が大きな打撃を受ける機会が減るのではないかと考え，何時ごろ停電が起きそうか予想時間を通知する iPhone のアプリケーション "Beirut Electricity" を開発，多くの市民が停電が起きる時間を把握することができるようになりました。また，アフリカやアジアの一部など貧困や宗教的，文化的な背景が原因で妊産婦の死亡率が非常に高い地域が存在します。（なかにはサハラ砂漠以南のアフリカに住んでいる女性の16人に１人が妊娠，出産で死亡する可能性があるという衝撃のデータもあります。）これは，アフリカ諸国において女性が分娩時および分娩後の適切なケアを受けられないことが影響しています。こうした悲惨な状況を解決するため，安全な出産ができるためのガイドラインを短い動画に集約し，アフリカに住む女性達の出産に役立ててもらう "Safe Delivery" というアプリケーションを開発した医師達がいます。この Safe Delivery アプリケーションのおかげで2016年までに100万人を越える女性が無事出産をすることができました。こうした社会の問題について考え，それらを解決するアプローチについて PBL や CBL を通して考えていく過程がとても重要になります。中学生にいきなりスマートフォンのアプリケーションを開発してもらうことは不可能に近い話ですが，**アプリケーションのモデル（模型）**であれば簡単に作ることができ PBL や CBL などの授業中の活動に取り入れやすいです。

# 2 Step アプリケーションのモデルを作る (2.5時間)

　まとめ終わった生徒はその社会問題を解決するためのアプリケーションモデル（模型）を Keynote を使って作成します。例えば，フードロスを削減するために飲食店で出た廃棄食品を格安で再販売するサービスができるアプリケーションを開発してみよう！　と計画をします。（Keynote を使ってこうした格安で販売される廃棄食品や，助けを求めている飲食店を探すことができるアプリケーションのモデルを作ります。）Keynote は通常ですとスライドの順番通りにプレゼンテーションを進めていきますが，**リンク機能を使うと写真や図形をクリックして任意のスライドに移動することができます**。このリンク機能を使い，写真を触るとその写真に関連するページに移動したり，戻るボタンを押すとひとつ前の画面に戻ったりまるで本物のアプリケーションを触っているような作品を作ることができます。（Keynote の設定から，プレゼンテーションタイプをリンクのみに設定します。）リンク機能をうまく組み合わせると，生徒達は無限大のアプリケーションモデルを作って提出してくれます。実際に提出されたアプリケーションの一例を紹介しますと，ヴィーガン（動物性食品全てを食べない人達）が食べることのできるメニューやハラルフード（イスラム教の戒律で食べて良いもの）が食べられるレストランを探すことができるアプリケーションや，同じマンションに住む外国人でも住んでいる地域のゴミ分別のやり方（燃えるゴミ，燃えないゴミの分別など）がわかるような動画をまとめたアプリケーション，怪我をしたときの応急処置の方法について一覧でまとめているアプリケーションなど多種多様なものが出てきました。

# 3 Step 作ったアプリケーションについて紹介・説明する (0.5時間)

こうした自分で作ったアプリケーションモデルを紹介・説明する際に**不定詞（目的：〜するための）は有効な表現手段です**。中学 1 年生から英語を本格的に学習してきて，一段階難しさが増す不定詞の単元で「私は○○を解決するためにこのアプリケーションのモデルを開発しました！」と胸を張って言える体験ができることは，その後の彼らの英語学習にとって大きなプラスの経験になっていきます。生徒達にとって少し難しい単元や学習内容が出てきたときこそ，実社会や実際の生活に強く結びつくような活動を取り入れることで「英語を勉強してよかったな。」「英語で自分が作ったものを紹介できるって素敵だな。」と感じる瞬間を多く作っていくことが大切だと感じます。

　アプリケーションモデルを作る活動では，最後に自分の作った作品を英語で紹介（プレゼンテーション）することだけではなく，実際に友達に自分が作ったアプリケーションモデルを触ってもらい，ユーザーとしての視点から評価をもらうことも重要なポイントのひとつと言えます。

　また，SDGs をこうした活動のテーマに据えることで，様々な社会問題や国際問題を扱うような英語学習を組み立てやすくなります。社会科など他教科と一緒に授業をすることもできます。SDGs を学ぶことができる web ページなどもたくさんあり色々な形で授業を展開することが可能です。現在，SDGs に関する様々なコンテストやキャンペーンが実施されています。なかには中高生を対象にしたものも多くありますので，目的とタイミングが合えば生徒達と参加してみるのも良いかもしれませんね。

# 16 世界の名所を紹介する ビデオを撮ろう

2年　聞く　読む　話す[やり取り]　話す[発表]　書く

◆ 文　法：助動詞
◆ アプリ：Clips, iMovie

 4時間

## ねらい

・旅番組作りを通して，学習した助動詞の内容理解を深める。
・グリーンスクリーンを用いることで，世界中を旅しているような期待感をもって楽しく学習に向かう。

## ◆「世界の名所」を紹介する旅番組を作ってみる

　みなさんは旅が好きですか？　私はもちろん色々な場所や土地に旅をすることが大好きですが，旅番組を見ることも同じくらい大好きです。旅番組を見ることで，自分が実際には行ったことがなくても，その場所や土地に行ったような気分を味わうことができます。特にコロナ禍の現在，なかなか旅行に行けないからこそ，生徒達と旅番組を作ってみることに大きな意味があると感じます。iMovie のグリーンスクリーン　エフェクトを使うことで，こうした旅番組を簡単に作ることができます。

Step 1　どんな「世界の名所」を紹介するか考える（0.5時間）

Step 2　旅番組の撮影をする（2.5時間）

Step 3　旅番組の上映会や紹介をする（1時間）

# Step 1 どんな「世界の名所」を紹介するか考える (0.5時間)

　実際に放映されている TV の旅番組を見ていても様々なスタイルがあるのがわかります。歴史や建物，食べ物など観光名所の魅力を視聴者に伝えるもの。列車やバスなど移動手段にフォーカスを当てながら車窓からの風景や途中下車した先で地域の方々にしたインタビューや，レポーターの珍道中について紹介しているもの。旅先でその土地でしかできないような大掛かりな企画を用意し挑戦するものなど私達は TV やインターネットを通して，海外などの知らない土地についてありとあらゆる情報を得ることができるようになりました。中学２年生の生徒達は英語学習の中盤以降に様々な助動詞（can，may，must，should など）を学習します。**助動詞は「この土地にではこんなことができるよ！（can）」ですとか，「この場所に行ったら，こんなことをすべきだよ！（should）」といった旅番組を作っていく上で重要な英語表現の一部分を担います**。助動詞について学習した後，グループで「世界の名所」について紹介するビデオを作っていくことは様々ある助動詞やそれらの使い方（意味）を確認していくのにとても有効な手段となります。まずはグループでどんな「世界の名所」（国や都市，世界遺産など）を紹介していくか考え，話し合うところからスタートしてみましょう。紹介する場所が決まったら，どんなスタイルの旅番組にするのか。また，どんなビデオの流れにしていくのかストーリーボードなどをうまく使って計画を練り上げていきます。ロケや現地レポート（地元の商店街などを紹介したいグループが出てくるかもしれません。）に出かけそうなグループについてはこの段階で希望を聞いてしっかりと話し合っておきましょう。できる限り生徒達の創造力を潰さないように極力彼らに協力していきながら，制作をする先で事故などがないよう安全面に十分配慮した撮影計画を作っていくことが大切です。

# Step 2 旅番組の撮影をする (2.5時間)

　旅番組の撮影計画ができたら，映像を撮影していきます。今回は，世界各

地に生徒達が移動して旅を楽しんでいる様子を撮影していくため，**グリーンスクリーンの使用は必須です**。いくつかグリーンスクリーンを準備しておきましょう。グリーンスクリーンとひとくちに言ってもたくさんの種類が市販されています。数万円するしっかりとした自立式のものから，持ち運びができるようなコンパクトなサイズまで様々です。使用するグループ数やグループの人数など使用する用途によって適切なものをある程度多めに準備しておくことが望ましいです。私の勤務する学校ではたまたま毎年文化祭の際，教室の中を仕切るために使用する大きなパネルに緑色のものがありましたので100枚近いグリーンスクリーンを調達することができました。

　グリーンスクリーンをたくさん調達するのが難しければ，白であれば白のみといった単一の色で塗られた壁の前で撮影ができればグリーンスクリーンエフェクトを使うことができます。映像を撮影後，紹介したい「世界の名所」の写真（動画）とグリーンスクリーンの前で撮影した映像をiMovieを使い合成しましょう。また，グループごとの間隔を十分に空けて（隣のグループが撮影している音が入ってしまいます！）撮影に臨んでください。旅番組を撮影する際も，基本的には教室を離れてビデオを撮影することになります。撮影をする前に「○月△日（曜日）□時間目〜◎時間目まで旅番組撮影を行います。廊下など教室の外で撮影を行いますのでよろしくお願いします。」といった内容を職員会議などで教職員に周知しておくことが大切です。事前に周知しておくとどんな風に撮影をしているのか様子を見にきてくれる先生方や，なかには出演してくれる先生方まで出てきます。教職員と生徒達

の距離が縮まるきっかけにもなったりするのがiPadを用いた教育活動の醍醐味です。事前に先生方に周知しておくことでできあがった作品や活動の成果を共有しやすくなっていきます。生徒達も色々な先生方から「上手に撮れたね。」「おもしろい作品に仕上がっているね。」とい

ったフィードバックやコメントがもらえることはすごく嬉しいはずです。

# 3 Step 旅番組の上映会や紹介をする（1時間）

　できあがった旅番組の映像を紹介していく過程で，学習した助動詞の内容の理解について旅番組の作成がどのように影響したのか自身の授業について生徒達から授業評価をとっておくと良いと思います。

　例えばビデオを撮影をする前と後に同内容の小テストを行い，どのくらい学習内容定着度が変化したのかを確認したり，旅番組の撮影を通してどんな発見があったのかを自由に記述してもらうといった評価の手法です。（こうした授業評価は，Google Form（Google）や Survey Monkey（Survey Monkey）といったアンケートサービスを用いて行うのがオススメです。）旅番組撮影を終えた生徒達からは「助動詞が違っても，同じような意味を表す助動詞があることがわかりました。」「細かい違いまで追求できるようになった。文章に助動詞をうまく用いて，伝えたいことを明確にしていきたい。」といった意見が寄せられました。

　先生方にとって授業評価というと，どうしても「私の授業の粗を探されているのかな…。」「授業評価をもとに私のダメな部分を教頭や校長から注意されるのかな…。」というネガティブなイメージを持ちがちですが，ここに記載している授業評価は全くそういうものではなく，自分が授業中に行った活動でどの程度生徒達が成長したのかを確認・観察していく作業だと捉えてください。iPad を使った活動を行うと概ね全ての生徒が学習内容（今回だと助動詞の単元）について理解度が深まります。それがなぜなのか？　学習環境や人間関係，授業をしている先生方のアプローチによって左右されますので一概にこれが理由だということはできませんが，iPad を使うことで生徒同士で協力しながら楽しく学習を深めることができているということが大きな要因ではないかと感じます。

# 17 インフォグラフィックで日本と世界を比較しよう

2年 | 聞く | 読む | 話す[やり取り] | 話す[発表] | 書く

◆ 文　法：比較級
◆ アプリ：Keynote, Tayasui Sketches

3時間

## ねらい

・インフォグラフィック作りを通して，様々な国と日本を比較する。
・数あるデータや統計情報などを適切に選び，自分の意見をわかりやすく伝えるための効果的な配置などを学ぶ。

### 日本と世界を様々な側面で比較する

　皆さんは，インフォグラフィックというものをご存知でしょうか？　インフォグラフィックとは，たくさんのデータや情報を図形や画像，簡単な説明などを使ってわかりやすく視覚的に表現するものです。カッコよくわかりやすいデザインにすることで，重要な情報はどの部分なのか読み手に伝わりやすくなります。比較級の単元を学習したあと，日本と世界を比較するインフォグラフィックを作ることで国際的な視点を養います。

Step 1
日本と世界を比較しながら題材について調べる
（1時間）

Step 2
インフォグラフィックを作成する
（1.5時間）

Step 3
インフォグラフィックのプレゼンテーションをする
（0.5時間）

# 1 Step 日本と世界を比較しながら題材について調べる（1時間）

インフォグラフィックは英語のみならず様々な教科で活用しやすいです。調べ学習をした後，文章でレポートを書くこともとても大切な作業ですがインフォグラフィックのように図や絵を効果的に使うことで，わかりやすく調べた内容を伝えることができるようになります。このインフォグラフィック，英語の授業では何かを比較する「比較級」の単元で扱いやすいです。"各国の比較"というテーマで調べ学習を行ったあと，インフォグラフィックを作り，英語でプレゼンテーションを行うといった活動を例に考えていきましょう。

私達は日本に住んでいますが，私達の日常生活は海外からの多くの製品や食品に支えられて成り立っています。日本の食糧自給率はカロリーベースでおよそ37パーセントですし，様々な日常雑貨についても多くを中国やベトナムなどから輸入しています。**島国である日本は西洋諸国や他のアジア地域とも違う独特の文化を持ち，世界との違いを認識しつつこれからの共生社会につなげていくことはとても重要な視点です。**例えば，日本のことわざに「言わぬは言うに勝る」というものがあります。日本人は実際に言葉として発した内容よりも，言葉の意味を察して理解するコミュニケーションの取り方を重要視する（空気を読む）傾向が強いと言われています。日本のように「空気を読む」傾向が強い文化のことを**高コンテクスト文化**と言います。反対に言葉にした内容のみが情報として伝わる傾向が強い文化のことを**低コンテクスト文化**と言います。低コンテクスト文化の国でのコミュニケーションには「言わなくてもわかるよね？」は通用しません。この言語文化の極端な例は

ドイツ語だそうで，北欧の国々や移民の多い国は低コンテクストの傾向が強いそうです。こうした様々な国における文化の違いひとつひとつをそれぞれの生徒達の視点で捉え，わかりやすく魅力的なインフォグラフィック作りを進めていきます。

インフォグラフィックを作成する前に，調べる地域をランダムに指定しておくと発表する地域を散らすことができ，ひとつのクラスで様々な国を調べることができます。例えば，Aさんは「アジア」の地域からひとつ，Bさんは「アフリカ」の地域からひとつ国を選んで調べてください。というように一人一人指定してあげるとスムーズに調べ学習へ誘導することができます。生徒達は比較するものについて様々な題材を持ち寄ってきます。自分が全く行ったことがない小さな国を取り上げ，面積や人口，伝統的な服のようにその国の特徴を一から調べる生徒。イスラム教の文化が強く影響を与えている国を取り上げ，日本では何の問題もならないような習慣（例えば，半袖のシャツなどをきて肌を露出することなど）について紹介している生徒など**中には私達大人でも知らなかった「へぇ〜」と思わず関心してしまうようなものもあり，それらを知るだけでもとても勉強になります。**生徒達が自由にインフォグラフィックを作って発表することで，より単元の学習に深まりと広がりが生まれてきます。

# 2 Step インフォグラフィックを作成する (1.5時間)

　紹介したい題材を決めたら，実際にインフォグラフィックを作成します。インフォグラフィックの作成は Apple Pencil を使って iPad に手書きをしながら進めていくと関心を抱いたデータなどをいきいきと表現することができます。グラフや図形，スケッチを使ってインフォグラフィックを見た人の心をぐっとつかみ，いつまでも心に残る作品に仕上げるため以下の点に注意をして作成しましょう。

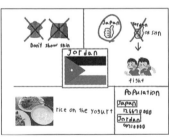

・伝えたい相手（友達や先生）にきちんと伝わるわかりやすい表記や表現を心掛ける

・自分の作品を相手に伝えるために役立つ統計やデータを記載する

・色，画像，グラフ，テキストを上手に組み合わせ魅力的な作品に仕上げる

・それぞれのデータについて配置するレイアウトを工夫する

Keynote でインフォグラフィックを作る場合，様々なテンプレートが最初から Keynote アプリケーションに内蔵されています。そうしたテンプレートをテーマに合わせて使っていきながら，色の組み合わせに統一感をたせたり，目立たせたいオブジェクトやデータには明るさやトーンを変えながら表現に微細な変化を加えたりしていきます。また文字に関してもインフォグラフィックの雰囲気に合ったフォントを使うことでより自分の作品を通して伝えたい内容が際立ちます。

## Step 3 インフォグラフィックのプレゼンテーションをする （0.5時間）

インフォグラフィックが完成したら発表をしていきます。今回の場合できるだけ多くの生徒達の作品を，それぞれ見ることができるのが大切ですので4〜5人のグループを組み，その中で1人1分ずつ英語でプレゼンテーションをした後，グループを何回か変えていくのが良いと思います。（この方法を用いると30分でグループを3，4回変えることができます。）**発表をする際，調べた国について，調べてわかったこと，日本との比較などを英語の原稿にまとめ発表をしていくと良いと思います**。効果的なインフォグラフィックをデザインし，わかりやすく発表していくためには数あるデータのうちどのデータをインフォグラフィック上に載せていくのか念入りに検討していく作業が欠かせません。こうした準備がしっかりできていればインフォグラフィックを使い，説得力のあるメッセージを伝えられるはずです。インフォグ

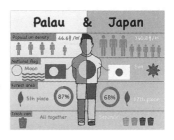

ラフィックを作成し発表する活動を通して，生徒達は日本にいながら世界の様々な国に思いを馳せることができます。世界にある様々な国の文化や風習を中学生時代に考え理解することで，将来社会に出た際，外国人とのコミュニケーションに限らず「他者を慮る」気持ちを大切にしながら仕事を進めること，様々な背景を持つ人達と生活をともにする素地を養うことにつながっていくように感じます。

# オリジナル小説を書いてみよう

◆ 文　法：中学2年生のまとめ
◆ アプリ：Pages

3時間

## ねらい

・オリジナル小説を作る活動を通して，中学2年生の学習事項について自分の定着度を確認する。

・定番の物語構成や，長めの英語の文章を書く際のポイントについて理解する。

## ◆ オリジナル小説を書くことを通して中学2年生の内容理解を確認する

　中学校2年生が修了する頃になると，生徒達は学校で学んだ内容を使ってだいぶ多くの文章を書けるようになります。過去形や未来形など時制の表現を使って様々な時間のこと。不定詞や動名詞などを使ってより繊細な感情の表現。助動詞や比較級を使ってより具体的な事柄を言及するなど，目的に合わせた英文の組み立てが少しずつできるようになっているのがわかります。中学2年生で学習した文法事項を含めつつ「オリジナルの小説」を作る活動を通して既習内容の定着度を確認していきましょう。

Step 1
オリジナル小説
のテーマを考える
（1時間）

Step 2
オリジナル小説
の大まかな流れ
を考える
（0.5時間）

Step 3
オリジナル小説
を書く
（1.5時間）

# Step 1 オリジナル小説のテーマを考える（1時間）

みなさんは普段小説を読みますか？　小説と一口に言ってもSF小説やミステリー（推理）小説，恋愛小説やライトノベルなど多くのジャンルに分かれています。生徒達の趣味嗜好は様々ですから，様々ある小説のジャンルから自分の好きなものをテーマにして書けるように授業の最初に促します。作文（小説を書く作業）が苦手な生徒達にとって，いきなり原稿用紙を渡され「はい，じゃあ書いてみましょう。」と先生から言われても絶望感や悲壮感しか生まれません。日本語の文章でさえ書くのは難しいのに，それを英語でするなんて…という感覚にさせないためにもはじめの1時間はマインドマップなどをうまく使って**登場人物は誰（どんな人達）なのか，物語の時代はいつなのか，どんなトラブルや困難があるのか，どんなストーリーにしていく予定なのかなど，メモ書き程度から始めるのが良いと思います。**この活動をしたときに，ある生徒は有名な作品を時代や登場人物を現代風にアレンジした作品を書いてくれました。**いきなり0から作品をつくるのが難しい場合は，こうした既にある有名な作品をヒントにしながら小説を書いていくのも重要なアイデアです。**創作物の多くは完全にオリジナルというものは少なく，少なからず誰かの影響を受けています。特にオリジナルの小説を書いてみるというチャレンジをする際，割り切って既に高い評価を得ている作品を真似してアレンジするところから入るというのも素晴らしいアプローチであると思います。

# Step 2 オリジナル小説の大まかな流れを考える（0.5時間）

オリジナル小説のテーマが決まったら，大まかなストーリーの流れを考えます。盛り上がるストーリー展開にはある程度法則があり，ナラティブアーク（Narratine Arc）やストーリーアーク（Story Arc）と呼ばれる物語構造を意識して小説を書いていくことでそれっぽい小説を誰でも書くことができます。小説の序盤は**「①状況の説明」**です。物語を始め，登場人物を登場

させ，このあとの展開に結びつく物語の種まきをするなど，読者が物語の中で何が起こっているのかを把握できるように十分な背景知識を提供します。

中盤に向かっていく段階で「②事件が発生」します。ある瞬間から物語に異変や変化が生じ，物語で伝えていきたいメッセージや核心部分に徐々に近付いていきます。この事件発生を境に登場人物はそれぞれの成長を始め，葛藤が募り，物語の緊張感が高まっていきます。

中盤以降に物語は「③クライマックス」を迎えます。物語の一番盛り上がるポイントでスピード感や臨場感も最高潮を迎えます。

その後，物語は緩やかに「④収束」していきます。クライマックスの後物語の世界はどのように変化したのか，ゆっくりと物語は終わりに向かっていきます。最終的に，物語は「⑤目的達成（課題解決）」をして幕を閉じていきます。クリフハンガーのようにクライマックスの直後に物語が終わってしまう衝撃的な物語構造もありますが，多くの場合こうした構造を意識しながらオリジナルの小説を書いていくのが良いでしょう。

桃太郎を例にこれらの物語構造をかいつまんで説明すると，おばあさんが川から拾ってきた大きな桃から桃太郎が産まれる（①状況の説明），大きく成長した桃太郎があるとき，鬼退治に出かける（②事件が発生），犬，猿，キジを仲間にした桃太郎は鬼ヶ島で鬼と対決する（③クライマックス），鬼を倒した桃太郎はたくさんの宝物を持っておじいさんとおばあさんが待つ家へと帰る（④収束），世界に平和が訪れる（⑤目的達成（課題解決））という流れになります。そのほかにも読み慣れている有名な物語の多くはこの物語構造をとっています。意識して読んだり聞いたりしてみてください。

## 3 Step オリジナル小説を書く（1.5時間）

物語の大まかな流れが決まったら，実際に原稿用紙にオリジナル小説を書いていきましょう。最近では手書きの原稿用紙よりもタイピングをした方が文章を素早く書ける生徒も増えています。**ぜひ Pages を使って作家と同じようにキーボードをタイピングしながらオリジナル小説を書いてみてくださ**

い。英語の長い文章を書く際に気をつけたいポイントがいくつかあります。

① 文章を，Introduction（導入），Body（本論），Conclusion（結論）の大きく3パートに分けて書く

Introduction では，物語序盤の状況説明について書いていきます。Body の部分はひとつとは限りません，Body1，Body2，Body3…のような形を取りますが，物語の中盤，事件が発生したりクライマックスの部分を書いていきます。Conclusion では物語が収束し目的が達成される終盤を書いていきます。

各パートがもつ意味について考えながら，小説を書き進めていきます。特に英語で文章を書いていくので文の正確さや文と文のつながりにも気を配り，誰が読んでも読みやすい文章展開を心掛けます。

② Signposting（サインポスト）を活用する

物語の話と話をつなげていく際に Signposting のフレーズを知って使うことができると読者はわかりやすい論理展開を感じながら小説を読み進めることができます。例えば，最初に（First），次に（Next），しかし（However），最終的に（Finally）といったフレーズです。

③ 翻訳サービスを効果的に使う

Google 翻訳や DeepL 翻訳に代表されるような翻訳サービスに，日本語の文章をまるまる全部突っ込んで英語に翻訳するととんちんかんな英語の文章に変換されて返ってくる時があります。とはいえ，最近の翻訳サービスは精度もかなり向上してきていますので，効果的に使えば短い時間で質の高い英語の文章を書くことができます。私が生徒に薦めているのは，翻訳にかけるのは文章丸ごとではなく短いフレーズや単語ベースにするということです。生徒達のためにならないからといって**一概にこうした翻訳サービスの使用を禁止するのではなく，良い部分を見つけ効果的に活用していくことが大切であると思います。**

# 19 レタリングでオリジナル小説の表紙を描こう

2年 聞く 読む 話す[やり取り] 話す[発表] 書く

◆ 文　法：中学２年生のまとめ
◆ アプリ：Tayasui Sketches

2時間

## ねらい

・言葉や文字をアートで表現すること（レタリング）を通して言葉だけ
では伝わりきらないアイデアや感情について表現する。
・レタリングした作品や，自分で作ったオリジナル小説を中学２年生で
学習した表現を使って友達同士で発表する。

## オリジナル小説をアートで表現する

　前パートで書いたオリジナル小説の表紙（カバー）を描いてみましょう。
生徒達それぞれが書いたオリジナル小説の中で自分が最も象徴的だと思う単
語を「レタリング」していきます。言葉や文字をアートで表現することで，
言葉だけでは伝わりきらないアイデアや感情を効果的に表現することができ
ます。オリジナル小説作りの中で産まれた，誰のものでもない，自分にとっ
て大切な意味をもつ言葉を使ってレタリングアートを作成してみましょう。

Step 1
レタリングする
言葉をオリジナ
ル小説から選ぶ
（0.5時間）

Step 2
レタリングする
（１時間）

Step 3
自分の作ったレ
タリングについ
て発表する
（0.5時間）

# Step 1 レタリングする言葉をオリジナル小説から選ぶ (0.5時間)

レタリングとは文字に様々な効果をつけてデザインする手法です。

Tayasui Sketches のアプリケーションを使い様々な線や色，パターンなどを駆使して美しいレタリングを描いていきます。私の授業でこのレタリングを授業で扱ったとき，ちょうど桜が満開の季節でしたので「桜についてのオリジナルストーリー」を書き，そのストーリーのなかで象徴的な言葉をひとつ選んでレタリングにしてもらいました。満開の桜はとても美しく，日本人として誇らしく思うもののひとつです。桜というテーマひとつ取っても生徒達の捉え方や，どんなストーリーを作っていきたいのかは千差万別です。ある生徒は桜の一生をテーマに据え，春夏秋冬それぞれの季節で桜の木がどういった表情を見せるのかをまとめました。またある生徒は日本からストックホルムに送られた63本の八重桜をストーリーにまとめ，ある生徒は明治時代にコリン・イングラムさんが日本からイギリスに持ち帰ったとされる120品種にも及ぶ「チェリー・イングラム」とよばれる桜についてその歴史を紹介するストーリーにまとめるなど海外と日本のつながりを意識したストーリーについて書いた生徒も多く見受けられました。さらに，桜をテーマに登場人物達が切ない人間ドラマを繰り広げるような儚く美しい長編の小説を書いたりする生徒も出てきたりと，たくさんの生徒達がこちらが想像できないほどの創造性（クリエイティビティ）を発揮した素晴らしい作品を提出してくれました。そうした生徒達自身が作った思い入れの深いストーリーの中から，象徴的な言葉をひとつ選び，レタリングしていく過程を通して彼らの作品に対する思いや「美しさ」を捉えるセンス，言葉そのものを大切にする意識が芽生えていきます。

## 2 Step　レタリングする（1時間）

　レタリングには，ストーリーを要約したり，それを絵で表現したりと様々なスキルが凝縮されます。生徒が自主的に取り組み，試行錯誤する中でとてもユニークな作品が産まれていきレタリングを通して，生徒達の表現力はずいぶん上がったなと感じました。

　実際にレタリングを行っていく際は「教科書の文章を４コマ漫画で要約しよう」の活動でも紹介した，『Everyone Can Create スケッチ』のブック（p.18参照）に言葉と文字を使ったアートとしてレタリングの方法が記載されています。ひとくちにレタリングといっても，ゴシック文字のカチッとした文字のレタリングや，丸みを帯びたバブル文字のレタリング，斜めになった文字のレタリングなど様々なフォントやパターンの文字をレタリングすることができ，それらの詳しいやり方がブックに記載されています。**このレタリングの作業で大切になってくるのが，選んだ言葉に自分の感情を込めるという部分です**。レタリングが上手，下手という部分はあまり重要ではなく（むしろ上手じゃないほうが味のある個性的な作品となる場合もあります。）自分の感情はどのような色や線の使い方で表現することができるのか，深く考えていく過程の方が重要だと思います。桜の一生について書いた生徒は"GROWTH"，ストックホルムの桜を書いた生徒は"STOCKHOLM"，チェリー・イングラムを書いた生徒は"Cherry Plum"，切ない長編小説を書いた生徒は"Forgiven"の言葉をそれぞれ選びました。**この言葉のチョイスにそれぞれの生徒達の個性が表れます**。レタリングをした文字の中に自分が書いたストーリーの場面を描き入れて，ストーリーの中身の部分を表現してくれる生徒達もいます。そうした生徒達の個性を大切にでき，お互いに「その作品いいね。」「思いが伝わるよ。」といった対話ができる空間づくりを進めていくことも作品を作っていく過程と同じくらい大切ではないでしょうか。

# 3 Step 自分の作ったレタリングについて発表する（0.5時間）

　レタリング作品や，オリジナル小説を友達同士で発表していく際はなるべく，自分が工夫した点や，思い入れの強い部分を英語にして表現していくのが良いと思います。その中で「私は○○することについて話したいです。（I want to talk about...）」不定詞や動名詞を使った表現。「AとBの描き方を比較してAの描き方にした。（better...than〜）」比較級を使った表現。「以前は○○と考えていたけれど（before），今は△△と考えが変わりました。（after）」時制を使った表現。というように**中学2年生で学習した内容だけでも様々なことを英語で語ることができるようになったことに気付くはずです**。生徒達，特に低学年の段階では間違えることを恐れずに「多少間違ってても通じるよね〜。」というくらいの心構えで文章を書いたり，英語でスピーチをしたりする経験を積んでいくことがとても大切です。私達教師はどうしても生徒がした単語の使い方や文法的なミスに目がいってしまい，注意・訂正したくなりますが，大きな間違いは訂正しつつも**「このくらいのミスならちゃんと通じるから大丈夫だよ。」というように，なるべく生徒達が発した言葉や書いた文章を大切にしてそのまま活かしてあげる姿勢が重要です**。こうしたやり取りを繰り返していくうちに生徒達は自分の発言や発信に責任を持ち始め，「先生，この文章ってこの表現で合ってますか？」ですとか「翻訳を使ってある程度文章を直したんですが，ニュアンスが伝わらないので細かい部分は先生と一緒に文章を詰めていきたいです。」といった前向きに学習をする姿勢へと変化（進化）していきます。英語のライティングは

伸びが大きく一番成長の度合いが測りやすい観点ですので，毎年3月に1時間ほど自由にライティングする機会を設けて，1年間でどのくらいの語数がかけるようになったのか，どのくらいの英語の表現が使えるようになったのか観測していくと良いと思います。

# 20

3年　聞く　読む　話す[やり取り]　話す[発表]　書く

## 英語で俳句を詠んでみよう

◆ 文　法：中学３年生の導入
◆ アプリ：Pages, Tayasui Sketches

2時間

## ねらい

- 英語の俳句を詠む活動を通して，その場に合った適切な英語の表現を推敲する力を付ける。
- 自分の気持ちや，目の前の世界で起きていることなどを自分の言葉で表現する練習をする。

## ◢ International Haiku Poetry Day

　英語にも俳句があることをご存知でしょうか。日本では８月19日（はいくと読めます）を俳句の日とする動きがいくつかありますが，日本国外では The Haiku Foundation という団体が４月17日を International Haiku Poetry Day と定め，全世界から英語の俳句を募集しています。英語の俳句を詠むことを通して，その場に合った適切な英語の表現を推敲するトレーニングになります。

Step 1
どんな俳句を詠むか考える
（0.5時間）

Step 2
英語の俳句を詠む
（１時間）

Step 3
俳句のプレゼンテーションをする
（0.5時間）

# 1 Step どんな俳句を詠むか考える (0.5時間)

俳句といえば「5・7・5」「季語」を思い浮かべますが，英語の俳句と日本語の俳句では異なる点がいくつかあります。

・英語の俳句は3行書きにするのが一般的（5・7・5音節では長くなってしまうことも多いため，必ずしも5・7・5にこだわる必要はない。）

・季節感が日本と海外では異なるので季節の感じが出ていればよい

などが挙げられます。英語で味わい深い俳句を作るのはとても難しそうですが，**目の前に広がっている風景を上手に切り取って，それを3行の短い文に書いていくだけでも良い俳句になっていきます**。英語の俳句を作る前に，まず日本語の俳句から作ってみるのも良いアイデアです。Pages には縦書き機能がありますので，国語の授業で感想文や作文を書いたりすることだけではなく，こうした日本語の俳句を詠む活動にも適しています。

俳句作りを通して**日本における四季折々の風景や，行き交う人々の様子をよく観察し，感じたことを言葉で表現していく力を養うことができます**。特に英語でコミュニケーションを取る際は，当たり前ですが「はっきり伝えたいことを伝える」という部分がとても大切になります。「行間」や「空気」を読む文化が成熟している日本で生活している私達にとって「言葉で言わなければ伝わらない」という考え方は最も苦手とする部分かもしれません。だからこそ英語を学習し始める低学年段階から**あなたの目に見えているものがどんな状態なのか，見ているものに対してあなたはどう思う（感じる）のか**といった部分を英語で表現できるように繰り返しトレーニングしていく必要があります。中学校に入学してから英語を本格的に学習してきた生徒達にとって，いきなりこのトレーニングを英語で行うのはハードルが高いなと感じた場合，まずは日本語で自分の気持ちや，目の前の様子がどういった状態であるのか話してみる（表現してみる）ことから始めるのが大切です。第二言語習得としての英語学習と，母語習得としての英語学習とでは全くアプローチが異なります。多くの日本人にとって，英語は第二言語ですので，まずは

母語である日本語で正しく思いが伝えられるようになること。また英語を通して「将来自分がどのようにありたいか。」「自分の長所を活かせるものは何か。」「将来の自分の理想像をどう実現するか」などを考えながら，それに向かってゆったりと長期的に努力していく姿勢が大切になります。**英語は言葉であり単なるコミュニケーションツール（道具）のひとつです。**英語を学習すること自体が全ての目的になってしまうのではなく，英語を使って学習を深めていくことが，こうした第二言語としての英語を習得していく大きな鍵となっていきます。そうした意味で英語の俳句を詠む活動ひとつとっても，考えながら自分の思いを英語でアウトプットしていく練習なんだと生徒達自身が捉えられるようになると着実に英語を運用する力は身に付いてくると思います。

## Step 2 英語の俳句を詠む（1時間）

　私が英語の俳句を詠む活動を行うにあたっては「オリジナル小説の表紙を描こう」の活動で作った桜のレタリング作品や，桜の風景をテーマに実施しました。これは International Haiku Poetry Day が4月であったこと，また中学3年生の新学期が始まって間もない時期に行うアクティビティとしてぴったりであったことが理由として挙げられます。生徒達の作品をいくつか紹介します。

降り積もる　薄桃色の　春の雪
To fall and pile up
Pale pink like peaches
Snow in Spring
（桜の花びらが散っていく様子や，散った

あとの花びらが降り積もりまるで雪のように見えたと感じたことがよく伝わります。Snow in Spring と表現することで，春なのに雪が降っているという意外性のある素晴らしい風景描写がされています。）

さくらの花　人と人を繋ぐ

過去と未来を繋ぐ

Cherry blossom

Connect people and people

Connect past and future

（日本語の俳句は５・７・５の形を取ってはい
ませんが，英語の俳句も含め桜が単に美しいと
いうことだけではなく，その存在が人と人や時代をつないでいることがシン
プルに表現された一句です。各行の頭文字をＣとしたのも韻を踏む感覚に近
いものがあり，工夫や創造性を感じます。）


花散りて　川は桜に　染まりゆく

Cherry blossoms fall on the river.

River becomes pink by the fallen
cherry blossoms.

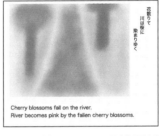

（こちらの句は二行で表現されたものです。
日本語の句も英語の句も，桜の花は散ってし
まったけれどその側に流れている川は見事なピンク色に染まっている様子が
よく表現されています。形は変われど，私達は様々な部分に美しさを感じる
ことができるという希望に溢れた風景描写です。）

# 3 Step　俳句のプレゼンテーションをする (0.5時間)

　日・英それぞれの俳句を詠むことで，たくさんの発見をすることができま
す。「美しさ」（どんなものを美しいと感じるか）は生徒達それぞれで異なっ
てきますが，日本における四季折々の美しさを感じて表現できるようになる
ことは将来海外に出ていくとき，自分の大きなアイデンティティの柱になる
ことは間違いありません。大人になっても「道を歩いていたら，こんなキレ
イなもの見つけたよ。」と言える人になってほしいなと思います。

Chapter3　実践！クリエイティブな英語授業　123

# 21 写真に変化を加えて学習の題材にしよう

3年 〔聞く〕〔読む〕〔話す[やり取り]〕〔話す[発表]〕〔書く〕

◆ 文　法：現在完了形，受動態，比較級
◆ アプリ：写真

2時間

## ねらい

・写真に描き込みを加えていくことにより，様々なストーリーを端的に
　表現する。
・写真に描き込みを加えていくことにより，様々な英語の表現（今回は
　比較級と現在完了）についてより深く考える。

## ◆「写真」を授業に活かす

　中学3年生に入ると現在完了や関係代名詞などより複雑な文法事項を学ん
でいきます。難しい内容になればなるほど，授業で行う活動については生徒
達にとって身近で楽しいものであることが求められます。この本で繰り返し
題材として扱っている通り，現代の子ども達にとって「写真を撮ること」や
「ビデオを編集すること」は大人が考える以上にとても身近な存在です。今
回は写真に少しだけ変化を加えて，学習の題材にするアイデアについて紹介
していきます。

| Step 1 | Step 2 | Step 3 |
|---|---|---|
| 写真を選ぶ<br>（0.5時間） | 写真に描き込みを加える<br>（1時間） | 作品のプレゼンテーションをする<br>（0.5時間） |

# Step 1　写真を選ぶ (0.5時間)

　「写真」はたった1枚であっても多くの情報やストーリーを含んでおり，そうした情報を活かして英語のライティング活動やスピーキング活動につなげていきやすい題材のひとつです。写真は，都内の回転寿司店に行ったときに撮影したものですが，Apple Pencil を使ってハンバーガーとタコスのイラストを2つ追加していきます。こうした描き込みを加えていくと，新たなストーリーや生命を写真に吹き込むことができます。

　例えば，この写真から「様々な国のファストフードの比較」というストーリーが生まれ，中学2年生の後半に出てくる「比較級」を活かした活動が組めます。また，「各国のファストフードの歴史について調べて発表してみよう」という社会科とのコラボレーションを

しつつ中学3年生で学習する「現在完了」の活動も組めるのではないでしょうか。現在完了（have＋過去分詞）は，今の自分と過去の出来事をつなぐ英語特有の表現です。have という言葉を用いることで，過去の事実をぐいっと自分の方に引き寄せ，より自分にとって大切な出来事というニュアンスを強くします。その他にも，例えば自分の写真にヒゲを描いて歳をとらせれば未来形の演習ができるなど，**写真に描き込みを加える手法は，アイデアひとつで様々な単元の学習に使え，汎用性も高いです。**

　もともと写真のなかに表れているストーリーと，Apple Pencil などで描き込みを加えることで生まれる英語特有のストーリーを合わせて，とてもユニークな1枚の写真ができあがります。

　**描画や Apple Pencil などを使ってどんなアイデアを写真に落とし込んでいくかは生徒の数だけ違います。**iPad でできる創造的な要素を取り入れた活動を通じて生徒達はそれぞれの作品だけでなく，生徒達それぞれの人生もユニークに輝かせているような気がしています。

## 2 Step 写真に描き込みを加える（1時間）

実際に描き込みを加えた生徒の写真がこちらです。1枚目のものは寺と教会（信仰を深める歴史的建造物の違い）、2枚目のものは和と洋のスイーツの違いを表した写真です。それぞれの比較や歴史について英語を用いてプレゼンテーションします。どちらの写真も事前に iPad で撮影した写真を、写真アプリケーションの編集からマークアップという方法で描き込みを加えています。

こうした写真の持っているストーリーについて語る上で外せないのが構図です。同じ物を撮影するのでも、構図が変わると見る人に与えるメッセージも大きく変わっていきます。例えば、3枚目と4枚目の写真は、ほぼ同じ場所で撮影されたものですが全く異なる印象に感じます。3枚目の写真は「神社の境内の様子（風景）」というストーリー。4枚目の写真はお稲荷さんが写真の中心に大きく配置されているため「お稲荷さん」のストーリーという印象をより強く受けます。

こうした構図を意識しながら写真を撮影するために iPad の設定でカメラのグリッドをオンにし、写真を撮影する際に画面を9分割するグリッド線を出しておくと良いでしょう。インターネットを検索するとプロの写真家が教える様々な構図（3分割法やシンメト

リーなど）について簡単に情報を得ることができます。こうした構図を参考にしながら，生徒達が自分が伝えたいストーリーを写真で表現できるように授業中にアドバイスやフォローをしていくことが大切です。

## Step 3 作品のプレゼンテーションをする （0.5時間）

写真に Apple Pencil などでイラストを加えていくことで，様々なメッセージを発信していくことも可能です。普通にプレゼンテーションをしていくだけではなく社会に対して生徒達がメッセージを発信していくのも重要なアイデアです。

例えば，この写真は戸隠神社にある随神門を撮影した写真ですが，写真に描き込みを加えて環境保護についてのメッセージを発信しています。誌面では見づらいですが，この写真には描き込みだけでなく，写真アプリケーションから写真の色味を変えるフィルターを使っています。生徒達に，写真を使って環境問題などについて英語で発信してもらう活動なんかを組んでみてもおもしろいかもしれません。

このように写真にほんの一手間加えていくだけで，授業での活用アイデアは無限大に広がっていきます。

写真は，本当に手軽に授業で扱える題材のひとつです。ボタンを押すだけでパシャっと撮影ができ，その写真を見せながら英語で写真について紹介し合うだけでも英語力を鍛えるのにとても有効です。

Apple が公開している『Everyone Can Create 写真』というブック（p.18参照）にも，iPad を用いた「写真（写真を各教科に活かす）」授業アイデアがたくさん載っていますのでこちらもチェックしてみてください。

# 3年間の思い出を スケッチノートにまとめよう

◆ 文　法：関係代名詞
◆ アプリ：Tayasui Sketches

3時間

## ねらい

・中学3年間の思い出を「スケッチノート」にまとめ，発表することで関係代名詞を用いた表現の演習をする。
・中学3年間の出来事について振り返りながら，友達同士で中学校生活を英語で語る。

## ◆ 中学3年間の思い出を「スケッチノート」にまとめる

　iPadを用いることで，写真や動画をノートに貼り付けたり，様々な種類のペン先や色を使ってメモをしたノートを作ったり。ノート作りの幅を大きく広げることができるようになりました。iPadでは紙のノートを使うよりもさらに自由に，様々な形でノートを取ることができます。スケッチノートと呼ばれる1枚の紙に手書きで（絵などのスケッチを織り交ぜながら）情報をまとめていくノート作りの手法があります。中学3年間の思い出をスケッチノートにまとめつつ関係代名詞の理解を深めていきましょう。

| Step 1 | Step 2 | Step 3 |
|---|---|---|
| 中学校3年間の思い出についてメモに書き出す（0.5時間） | スケッチノートに思い出をまとめる（2時間） | 作品のプレゼンテーションをする（0.5時間） |

# 1 Step　中学校3年間の思い出についてメモに書き出す（0.5時間）

　中学校での学習が最終盤に入ると，関係代名詞という生徒が特につまずきやすい単元の学習が登場します。関係代名詞は文と文をくっつけることだけではなく，文章をよりシンプルにまとめることができるという働きがあります。長めの文章を書いたり，スピーチやプレゼンテーションをしていく上で関係代名詞が使えるようになると文章が引き締まり，より高度な作文を書いたりプレゼンテーションすることが可能になります。関係代名詞を学ぶ頃は，ちょうど学校生活でも最上級生として生徒会活動や部活動のリーダーを務めたり，修学旅行に出掛けたり，中学校生活のクライマックスを迎えている時期でもあると思います。この時期に中学校3年間を振り返ってどんなイベントがあったのか，どんな学びを積み重ねてきたのかなど，在学中一生懸命取り組んだことについてまとめ，発表する活動を取り入れることで関係代名詞を使いながらある程度ボリュームのある内容について英語で発表や文章を書いていくことができます。

　スケッチノートは，スケッチをするようにノートを作る手法です。スケッチを交えながら3年間の出来事を追いかけていくと，経験してきたいろんなイベントについて視覚的につながりを持たせながら，一目でこの生徒が経験してきた3年間の出来事はどんなものだったのか見ることができます。スケッチノートを作る前に3年間の出来事をメモに書き出して準備し，そのメモの中でスケッチノートに記載・清書したいものをピックアップします。ピックアップした出来事について紹介を英文で書いたり，その時に感じた気持ちなどを英語でプレゼンテーションできるように準備をしたりしていきます。（イベントの紹介などをする際にI enjoyed school festival which was... などと関係代名詞を用いた表現ができるよう上手に促すことがポイントです。）

# Step 2 スケッチノートに思い出をまとめる（2時間）

　スケッチノートを作っていく際，Tayasui Sketches を用いて1枚のシートに大きく描いていきましょう。スケッチをノートに描いていく上でポイントやコツとなる部分が『Everyone Can Create スケッチ』のブック（p.18参照）「落書き風アート」のパートに記載されていますのでいくつか抜粋して紹介します。

## ①図形を使ってアイデアをイラストにする

　絵がそんなに得意ではなくても，〇や□や△など基本的な図形や直線，曲線，点などを組み合わせることで，シンプルですが味のあるイラストを描くことができます。動物や乗り物など，〇や□や△を使って簡単に描くとしたらどんな形になるだろうといったイメージをしながら，描きたい物体の中で基本的な図形がどこに潜んでいるか探してみると良いでしょう。

## ②落書き（イラスト）風の辞典を作る

　スケッチノートで使えそうなイラストやアイデアを結びつけるもの（吹き出しなどの枠，アイデアとアイデアを結びつける矢印など）をカテゴリ別に整理していつでも使えるようにあらかじめまとめておくとスケッチノートを書く際にとても便利です。

## ③計画を立てて，考えを整理する

　スケッチノートは，何かを見たり聞いたり考え事をしながら視覚的にノートをとる方法です。自分の3年間の経験についてどのようなレイアウト（段ごと？　時系列？　ランダムに配置？　など）にしたらわかりやすくスケッチノートが整理できるか考えます。

　スケッチノートを書いていきながら「これは重要だな」という部分が出てきたら，太字にしたり，目立つ色にしたり，重要だと感じた部分を強調させていきます。また事前に作っておいたイラストなどを上手に配置し，見ていて飽きないようなスケッチノートを作ることを目指します。

# 3 Step 作品のプレゼンテーションをする（0.5時間）

　スケッチノートを使った思い出の振り返りでは，生徒同士でお互いのスケッチノートを見ながら，「こんなことあったよね。」といった会話が弾んでいきます。発表していく活動を通して，生徒同士で思い出話に花を咲かせる（しかも英語で！）ことができると，伝えたい英語も増え，表現したい単語などを調べっていくことを通して自然と語彙も増えていきます。中学３年生の終盤になると伝えられることが増えてくるため，生徒によっては１人１分のプレゼンテーション時間じゃ全く足りなくなったり，作文についても A4サイズの原稿１枚ではおさまりきらない分量の英文を書ける生徒が段々と出てきたりします。こうした上手に話すことができる生徒達のプレゼンテーション時間も上手に確保していきながら，**それぞれの生徒達がそれぞれの英語で十分に思い出を伝えられるような発表の場を設定していくこと**がこの頃から少しずつ必要になっていきます。例えば，設定時間を２分にして１分間を越えて話せる生徒はそのまま話し，１分で終わってしまった生徒については続きを日本語で語ってみたり。質問タイムの時間を設けてみたりすると，より発展的な活動になりおもしろいと思います。**またスケッチノートの工夫したポイントなどを紹介し合うのも，他の生徒のノート作りのテクニックを真似し合うきっかけになりとても有効**

**です**。iPad を使って学習に向かう姿勢や，その上で「友達の良い部分の真似をする」ことはとても重要なポイントです。友達はどんなアプリケーションを使ってテスト勉強をしているんだろう。教師側から「iPad は勉強道具だ！　勉強にだ

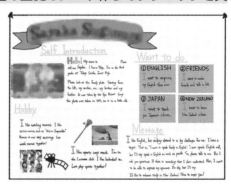

け使いなさい！」と口で言うよりも，友達が実際している勉強方法を真似する方がよっぽど学習への iPad 活用は進んでいくと思います。

# 23 マルチエンディングの絵本で 3年間を振り返ろう

3年 [聞く] [読む] [話す[やり取り]] [話す[発表]] [書く]

◆ 文　法：中学3年生のまとめ
◆ アプリ：Keynote

4時間

## ねらい

・マルチエンディングの絵本作りを通して中学3年間の振り返りをする。
・マルチエンディングの絵本作りを通して，友達がした選択や決断に触れ，その時の気持ちや風景を自分自身も追体験する。

### ◆結末がひとつではないストーリーを考える

　ロールプレイングゲームっておもしろいですよね。私も『ドラゴンクエスト』シリーズが大好きで，発売されているものはほぼ全てクリアしました。ロールプレイングゲームの醍醐味は主人公が自分自身であるということです。物語の中に自分が入り込んで，ゲーム中に自分がした選択によってその後のストーリー展開が大きく変わる「もしもこのときあんな選択をしていたら〜」という誰しも一度は経験したことがあるような気持ちを呼び起こします。そんなロールプレイングゲームのような絵本を作って中学3年間を振り返ってみましょう。

Step 1
どんな絵本にするか構成を考える
（1時間）

Step 2
絵本を制作する
（2.5時間）

Step 3
作品のプレゼンテーションをする
（0.5時間）

# 1 Step どんな絵本にするか構成を考える（1時間）

　みなさんはマルチエンディングの絵本をご存知ですか？　あるページに２つ選択肢が書かれていて，２つのうちどちらかの選択肢を選ぶと６ページ目に。そうではない方のページを選ぶと10ページ目に飛ぶといった具合にそれぞれ飛んだページの先で全く異なるストーリーがその後展開されていくというものです。こうしたマルチエンディングのストーリーは，それぞれの分岐点の選択で結末が大きく変わってくるため，ロールプレイングゲームをプレイしているような没入感を感じながら物語にのめり込むことができます。

　マルチエンディングの絵本作りを通じて，**自分の中学３年間について「あの時こうしておければ今頃こうなってたんだよな～」ということをテーマにプレゼンテーションを作成していきます**。生徒達にとって中学校の３年間は，選択や決断の連続であったはずです。例えば，中学１年生でどの部活動に入ろうか悩んでいるとき。また体育祭で自分が出る種目を玉入れにするか綱引きにするかで考えているとき。さらには学校の食堂で今日の昼食はカレーにするかラーメンにするか答えが出ないときなど，大きな決断から小さな決断まで生徒達は様々な決断を在学中にしていきます。中学３年間のなかでのこうした選択や決断を振り返っていきながら「もしもあのとき，○○という判断をしていたら…」という部分をメモに取り，絵本作りのヒントにしていきます。（このマルチエンディングの絵本作りは，もしもあのとき…という内容ですので，中学では扱う機会の少ない仮定法の表現について演習ができるかもしれません。）

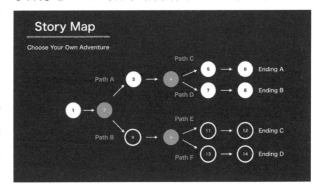

# Step 2 絵本を制作する （2.5時間）

　「社会問題を解決するアプリケーションを開発しよう」の活動でも紹介したKeynoteのリンク機能を使ってマルチエンディングの絵本を作ります。Keynoteは通常，スライドの順番通りにプレゼンテーションを進めていきますが，リンク機能を使うと写真や図形をクリックして任意のスライドに移動することができます。この機能を使いスライドの中に用意したいくつかの選択肢となる図形を，それぞれの移動先のスライドに紐づけて移動できる，エンディングが複数あるようなKeynoteを作ることができます。（Keynoteの設定から，プレゼンテーションタイプをリンクのみに設定するのを忘れずに！）リンク機能をうまく組み合わせることでロールプレイングゲーム風の絵本ができあがります。例えば，少年が冒険に出るストーリーの中で洞窟を見つけます。あるページで少年はこの洞窟に①入る，②入らないという２つの選択肢を設けます。①入るを選択した場合，洞窟の中に進みその先でクマに出会いそこでクマを③倒す，④逃げるといった次の選択肢が。また洞窟に②入らないを選んだ場合は道に迷い⑤その場で夜を明かす，⑥食料を探しにまだまだ歩くといった別の選択肢がでてくるなど，物語が自分の選択次第で大きく展開していくようなダイナミックなストーリーが作れます。

　生徒の作品例を紹介していくと，自分が入学したときのクラス（１年１組や１年２組など）を選択する場面。校外学習でのキャンプの活動（ご飯を炊くのか，山を登るのか，魚を釣るのかなど）についてどれが一番楽しかったのか選択する場面。そのなかで，校外学習や学校行事の感想を選ぶ（Happy or Sadのような形）ことでストーリーが展開していくといった素晴らしい作品が提出されました。マルチエンディングの絵本作りを通して，**友達がした選択や決断に触れ，そのときの気持ちや風景を自分自身も追体験できるような活動になっていくのが特徴です。**

# ３ Step 作品のプレゼンテーションをする（0.5時間）

　マルチエンディングの絵本作りは Keynote の作りこみも必要ですし，生徒も熱中しながらこだわった作品を作ってくれます。そういった意味でも中学３年生のまとめとしてのアクティビティにとてもふさわしい活動だと感じます。生徒達はこの絵本を実際に操作していきながら，プレゼンテーションを聞いている相手に "Which do you like? Please choose!" などと尋ねていき，そのときの選択で変化していくストーリーを楽しみながら，プレゼンテーションを進めます。多くの中学３年生は２学期が終わってしまうと高校受験に集中していきます。受験勉強に向かっていく上でどうしても授業時間が足りなくなってしまい，PBL（プロジェクト型学習）であったり教科書や問題集の演習以外の楽しみながら行う学習活動は削られがちです。多くの先生方から「どうしても時間数が足りないんです。」という悩みの相談を受ける機会も増えました。私は，**受験に向かうための前向きな姿勢を作り，生徒達がより良い成果をあげていくためにもこうした iPad を用いた協働学習などは積極的に行うべき**だと考えています。生徒達が様々な場面で教室と社会，また生徒達と様々な情報が「つながり」。目的をひとつにした仲間達と探究的に「協働」し。それぞれの「クリエィティビティ」を存分に発揮することができれば，それぞれの学習がより「パーソナライズ（個別化）」され，より高い目標へのアプローチができる生徒達が育つと信じています。これからの時代を生きる生徒達は「答えのない問い」に何度も立ち向かっていくと思います。教室で仲間達と支え合いながら，こうした楽しく深い学習経験を積んだ生徒達は高校入試など「答えがある問い」にも柔軟に対応ができるはずです。偏差値は大切な指標ですが，**偏差値だけがその生徒の本当の学力を測っているわけではない**ことを，私達教師は常に肝に命じて日々の授業に当たらなければなりません。**大切なのは，目の前の生徒達がどうしたら幸せな人生を自分の足で歩んでいけるようになるのか**。授業のテーマや評価の方法などを考え，いろんな人達と話し合い続けていくことだと思います。

# 24 オンラインで様々な学校や人とつながろう

3年 [聞く] [読む] [話す[やり取り]] [話す[発表]] [書く]

◆ 文　法：中学校のまとめ
◆ アプリ：Kahoot!, ZOOM Cloud Meetings
　　　　　（ZOOM）など

1時間

## ねらい

・効果的かつ効率的に学習を進める。

・様々な地域や教室の枠を飛び越える。

・スピーキングなど英語の運用力を鍛える。

### ◆ オンラインを味方につける！

　2020年度はコロナウィルス感染拡大の影響により多くの学校で一定期間休校措置が取られたり，教室の消毒など感染対策のための措置を急遽取らなければならず，混乱をしながら私達の生活や学校を取り巻く環境が急激に変化していきました。オンラインで課題を配信したり，学年集会を ZOOM Cloud Meetings（以下，ZOOM）や Google Meet, Microsoft Teams（以下，Teams）などの web 会議で行う場面が増えたり，オンラインがコロナウィルス感染拡大の影響によって身近になってきた今，オンラインを上手に味方につけながらより深い学びの場がもてるようオンライン授業の可能性について考えてみましょう。

Step 1

ゲストと一緒にオンライン授業をやってみる
（1時間）

　オンライン授業と一括りに言っても，現在様々な手法が全国で行われています。例えば，授業動画を見て，**プリントや課題に取り組む形**，ZOOM やGoogle Meet，Teams などの web 会議システムを使った**ライブ授業**，スタディサプリや YouTube にある既存のビデオを使って受講できるタイミングで**学習動画を視聴する（オンデマンド型）**などが挙げられます。

　様々存在するオンライン授業の形のなかで，どのタイプの学習方法を選択するのか。決めていく際は一方的にこちらの都合で課題ばかり押し付けたりするのではなくオンライン授業を実際に自宅で受講している生徒達や，同じ家の中で生活をしている保護者のみなさんが**家の中でのオンライン授業時にどんな動きをしているのかイメージすることが最も重要なポイント**です。

　具体的には，保護者が在宅勤務をしている場合は自宅の WiFi を仕事やweb 会議でしっかり使いたい時間帯がある，家にいる子ども達が小中高とそれぞれバラバラの時間帯でオンライン授業の時間割が組まれていると保護者が昼食を準備したり片付けをする時間がズレてしまう，各教科から課題が乱発されていてどの課題から手を付けていいのかわからなくなる，ライブ授業の回数が多すぎて目の疲れや頭痛がひどいなど，**学習課程をなんとかして進めたい学校と，それに振り回されてしまう生徒達や保護者とのズレ**が大きく開いてしまい，家庭から不満が爆発してしまいかねません。オンライン（バーチャル）で効果的にできることと，対面授業で効果的にできることは全く異なるので整理して理解する必要があります。

【オンラインの得意なこと】

　オンラインの得意なこととして挙げられるのが，次の３つのポイントです。

・ライブ授業ではチャットの書き込みなどのやり取りを通して自分の意見を書いてもらうことにより，普段はもの静かだったり控えめな生徒の意外な一面を知ることができる。

・スクールワークなどオンラインプラットホーム（課題の提出を送受信したり，学校からの連絡をオンラインで受け取り返信したりするサービス）を活用することで，大人数が一緒に学んでいる教室よりも一対一の近い距離

で教師とコミュニケーションが密に取ることができる。

・オンラインだとどんな場所からでもアクセスが可能になるため，教科や学校，地域などの壁を簡単に越えることができる。

## 【オンラインの苦手なこと】

　反面，オンラインの苦手なこととして挙げられるのが，次の３つのポイントです。

・iPad やパソコンの画面を見ながらの受講が長時間，何日も続いてしまうとオンライン疲れの状態になりやすい（自宅での作業はオンとオフの切り替えが難しい）。

・WiFi などネットワークや iPad などの端末本体に不具合があると，学習に支障をきたしてしまう。

・画面越しの生徒達の様子を完璧に把握することは不可能（ライブ授業に出席していても，きちんと授業を受けているかどうかはわからない）。

　オンライン授業をしていく私達教師にとって勝負を挑む相手は YouTube，Netflix や Amazon プライム・ビデオなどの面白いコンテンツが豊富に揃った動画配信サービスであり，Nintendo Switch や PlayStation などの楽しいテレビゲームです。自宅で勉強していくということは，オンライン学習がこうしたサービスに負けないような「家でオンライン授業を受けるのも悪くないな」ですとか「この先生と学ぶのってやっぱりおもしろいな」と思えるような授業を展開していく必要が出てきます。（大人の私達でもつまらない映像コンテンツは飛ばしてしまったり，全部視聴したいとは思わないですよね。）

　教室の中，前を向いて全員が座って先生の話を聞いていた対面授業でできていたことを，そのままオンライン授業に当てはめようとすると生徒も教師もだんだん疲弊していきます。であれば，オンラインの得意なポイントを活かしたユニークな授業が展開できると，とても深い・学びの多い体験をすることができるはずです。

# Step **1** ゲストと一緒にオンライン授業をやってみる（1時間）

　例えば，「自分の授業にゲストを呼んで一緒にライブ授業をする」というのもアイデアのひとつです。私が2020年度に担当していた高校１年生英語のオンライン授業では，映像製作や web デザイン，管理栄養士，ライター，音響関係，また他校の先生方など様々な分野の第一線で活躍する専門家のゲストを毎回呼び，それぞれの得意分野で「高校生に伝えたいメッセージ」を授業という形でレクチャーをしてもらいました。そのなかで，「あなたは何のために学校で学びますか？」「あなたが英語を学ぶ意味はなんですか？」といった学びの本質に関する問いかけを毎回ゲスト達から生徒達にしていただき，普段の教室では絶対にできないような芯に刺さる学びを生徒達は体験することができました。学校内外・専門教科の壁を軽々と越えて，他教科の先生・世界中のスペシャリストと授業や学級活動（HR）を行うことができるのは，オンライン授業ならではの醍醐味なのではないでしょうか。

## ＋α 海外の学校とオンライン授業をやってみる

　オーストラリアやモルドバの先生方から声をかけていただき，お互いの国についてクイズを作り，問題を出し合う「オンライン国際交流クイズ大会」の授業を行ったりもしました。（クイズ大会の実施方法は「クイズ大会をしてみよう」の活動と同様 Kahoot! を利用しました。）

　オンラインだからこそできることに焦点を当てて授業を行えば，ディスカッションや自分の伝えたいことを「英語」で表現することについて，自然と中身は深まっていきます。「学ぶのってやっぱり楽しいな。」と思える体験をオンライン環境で実現できれば，必然的にオンラインでも深い学びの場を持つことができると実感しています。

# AR を授業に活用してみよう

◆ 文　法：中学校のまとめ
◆ アプリ：AR Makr（Line Break），Keynote

3時間

## ねらい

・AR を用いて現実ではあり得ないような英語のストーリーを書き，現実世界にバーチャルの物体を出現させる。
・AR とはどういったものなのか実際に体験しながら知る。

## ◆ AR（拡張現実）を学習に活用する

　みなさんは AR を使ってみたことはあるでしょうか？　AR とは Augumented Reality の略で「拡張現実」と訳されます。実在する風景にバーチャルの絵や映像を重ねて表示することで，目の前にある世界を仮想的に拡張（現実世界では登場しないようなものを AR で登場させるなど）していきます。近年では「Pokémon GO」（Niantic, Inc.）に代表されるようなスマートフォン向けのサービスで AR が活用されるようになってきましたのでだいぶ馴染みが出てきたかもしれません。iPad を使うと，AR の要素を手軽に日々の授業へ取り入れることができます。

Step **1**
現実ではあり得ないようなテーマのエッセイを描く
（1.5時間）

Step **2**
AR を使った写真や映像を撮影してみる
（1 時間）

Step **3**
作品のプレゼンテーションをする
（0.5時間）

# 1Step 現実ではあり得ないようなテーマのエッセイを描く（1.5時間）

AR の優れている点は，現実では目の前にいることのない人や動物，ある はずのない物体や建築物などを，実際に目の前にあるかのように iPad の画 面上に表示することができることです。AR を使えば歴史の授業で教室に焼 失してしまったはずの安土城を出現させたり，理科の授業ではカエルの解剖 を実際に行う前に，AR で出現させたバーチャルなカエルを用いて解剖の練 習をすることができたり，教室でできる活動が様々な形に広がっていきます。 現在，多くの企業が AR を活用した様々なアプリケーションの開発を進め ています。例えば，家電や家具など室内のスペースにきちんと設置できるの か，室内にカメラをかざすとバーチャルの製品が表示され，購入する前にサ イズを正確に表示することができるものであったり。屋外でカメラをかざす と，いま実際に飛んでいる飛行機のエアライン名やどこからどこへ飛んでい るのか高度やスピードなどの様々な情報が表示されたり，別のアプリケーシ ョンでは iPad のカメラで写すと画面上に山の名前や標高などが表示された り，AR が当たり前になった未来の世界では，日常生活がとても便利になっ ていくんだろうなと感じさせられます。

スマートフォンの進化形としてメガネやゴーグルのように身に付けて使う ことができる AR グラスや AR 搭載のスマートコンタクトレンズが今後普 及していくともいわれています。レンズを通して見える現実の風景にバーチ ャルの情報を重ねて表示してくれる，近未来を描いた映画に出てきそうなハ イテク機器が普及していくのもそんなに遠い未来ではないのかもしれません。 そんな AR を用いて英語の授業を行う際「現実ではあり得ないようなテー マ」でエッセイを書いてみて，その様子を AR を使って表現しながら撮影 していくのが良いかと思います。例えば，学校にドラゴンが現れて教室で火 を吹き生徒達は命からがら脱出するというエッセイや，校庭に巨大なピラミ ッドが出現して冒険の旅に出るといったストーリーを英語で書き，iPad 上 で作ったドラゴンやピラミッドを AR で現実世界に登場させます。

## 2 Step AR を使った写真や映像を撮影してみる（1時間）

　エッセイを書き終えたら AR を用いて自分が描いた絵や作ったオブジェクトを表示させ，写真や動画を撮影してみましょう。

　まずは，AR で表示したい絵を Keynote で作ります。Keynote でスライドを何枚か準備し，Apple Pencil を使い AR で表示させたい絵をスライドに書き込んでいきます。（今回はリスや雲を描いてみました。）絵を描いたあと，背景を透過（背景をなくす）するために  （フォーマット）のボタンから「背景なし」を選択します。こうすることで描いた絵の背景が透明になります。絵が描き終わったら，Keynote で描いた絵を「写真」アプリケーションに保存して AR で書き出せるように準備をします。①Keynote 画面右上の"…"ボタンから書き出し→②イメージ（PNG）→③画像を保存 の順番で iPad 上に画像を保存していきます。

　自分の描いた絵をバーチャルに表示させるために，AR Makr というアプリケーションを使います。このアプリケーションを使うと，iPad に保存されている画像を簡単に AR として表示することができます。

　まず AR Makr を開き，カメラを使いながら AR を表示させる平面を探します。良さそうな平面が見つかったら NEW というボタンを押して表示したい画像を決めます。（この際に地球儀などの丸い立体のオブジェクトを置きたい場合は，下に表示されている●のボタンを選択すると，絵が球体に変化します。）AR で表示したいオブジェ

クトができましたら✔マークを押して先ほど選択した平面にオブジェクトを配置していきます。オブジェクトの大きさや場所を整えて，画面右側に表示されている PLACE というボタンを押すとオブジェクトの位置が固定されます。画面右下に表示されているボタンを触ると ANIMATIONS というタブが現れて，Blink（点滅）や Spin Left（左に回る）といったオブジェクトを動かすコマンドを選ぶことができます。オブジェクトを表示させた状態でスクリーンショットや画面収録をすると，バーチャルで表示させた物体と一緒に写真を撮ったり，動画を撮影することができます。

## 3 Step 作品のプレゼンテーションをする（0.5時間）

　書いたエッセイと，エッセイに合わせた内容を撮影した AR を用いた写真や動画を英語で発表していく際，エッセイのストーリーに合わせ「起・承・転・結」の4枚の写真（動画）が用意できていると発表がわかりやすく，奥が深いものになると思います。また，AR で撮影した写真や動画をiMovie で組み合わせて一本の映像作品を作ることもできます。AR やグリーンスクリーンを組み合わせた映像作りができると，授業中にファンタジー作品や SF 作品といった大作を作ることもできるようになります。

　「クラスのみんなで作った宇宙船に乗って，宇宙を冒険する旅に出る」という映像を AR とグリーンスクリーンを用いて撮影し，文化祭や学級活動で行うクラス発表やクラス展示（お化け屋敷ならぬ宇宙屋敷？！）のオープニング（イメージ）映像として使用するのもいいかもしれません。

　学校現場における AR 活用の可能性は無限に広がっています。柔軟な発想で，AR を様々な授業に取り入れてみてください！

【著者紹介】

和田 一将 （わだ　かずまさ）

東京成徳大学中学・高等学校 ICT 活用推進部長 / 英語科教諭
国際交流や英語の授業などを通して，多様な価値観の中で活躍
できる創造的な人材育成に取り組む。

 Distinguished Educator

中学校英語サポート BOOKS

iPad でつくる！クリエイティブな英語授業

| 2021年 8 月初版第 1 刷刊 | ©著　者 | 和　田　一　将 |
| 2021年11月初版第 2 刷刊 | 発行者 | 藤　原　光　政 |
| | 発行所 | 明治図書出版株式会社 |

http://www.meijitosho.co.jp

（企画・校正）芦川日和

〒114-0023　東京都北区滝野川7-46-1
振替00160-5-151318　電話03(5907)6703
ご注文窓口　電話03(5907)6668

＊検印省略　　　組版所 株 式 会 社 カ シ ヨ

Printed in Japan　　　　　ISBN978-4-18-333013-0
もれなくクーポンがもらえる！読者アンケートはこちらから
→